Ralf-Peter Nungäßer

Normal ist anders

Die Normalität des Unnormalen

Für alle,
die gerne schwarzmalen,
schwarzsehen
oder schwarzfahren…

Inhalt

Vorwort
Der ganz normale Wahnsinn
Wir sind nicht gut genug
Der Meckerfritze
Schöne neoliberale Welt
Vermieter
Wenn Mutter-Kind-Kur krank macht
Leben mit „Zucker"
Institutionalisiertes Leben
Störfall Kinder
Erwachsen
Der Polytoxikomane
Ein Fall für die Maßnahme?
Befinden wir uns in einer Bildungsinflation?
Der Kinderfeind
Politische Arroganz
Politische Ignoranz
Pubertät – Wenn Eltern zicken
Spirituelle Sinnsuche
Arbeit und Wert
Bankenterror
Bürokratieirrsinn
Umgebungsvariablen des Konstruktivismus
Mit Rechtsanspruch zum Geburtenboom?
Das Jammern ist die größte Lust
Brauchen Kinder noch Familie?
Mit Kinderlosensteuer gegen den Geburten-
rückgang?
Jugendamt zerrt Vierjährige vor Gericht
Evangelische Kirche misst mit zweierlei Maß
Verlorene Kindheit
Wachstumswahn

Schulpflichtfolgen
Ist die Schule gesetzeswidrig?
Trainingsraumkonzept und Gewalt an der
Schule
Odenwaldschule
Ganztagsschule
Ganztagsschule - Wozu noch Kinder?
Kinderfeindliches Land
Behindert Erziehung die Entfaltung kindlicher
Entwicklung?
Kinder gehören sich selbst
Braucht Freiheit Grenzen?
Doppelte Staatsbürgerschaft = Doppelte
Stimme?
Verpasster Reichtum
Was Kinder brauchen
Glaube
Spiritualistik
Ausgebremst – Warum wir selten tun was wir
wollen
Urteilsfrei
Zwölf Gründe, warum Menschen sich erfolg-
los und unglücklich fühlen
Götter in Weiß
Zickentheater
Selbständigkeit – eine Farce
Über das Wesen der Wertlosigkeit
Das Wesen des Kindes
Eheanalyseprogramm
Freiheit verboten
Abstimmung mit Füßen
Lebe deinen Traum
Über den Autor / Impressum

Vorwort

Für mich gilt der weise Satz von Herman Hesse:

Es gibt die Wirklichkeit, und an der ist nicht zu rütteln. Wahrheiten aber, nämlich in Worte ausgedrückte Meinungen über das Wirkliche, gibt es unzählige. Und jede ist ebenso richtig, wie sie falsch ist.

Es ist eine herrliche Erkenntnis, ein freier Teil der Wirklichkeit zu sein: Die hieraus geborene Freigeistigkeit ist ein Schöpfungswunder: Man muss sich einfach an keine Konventionen, Ideologen oder an sonstige geistig einschränkende Institutionsvorgaben halten und man kann denken was man will. Heute habe ich mich aus einer niederinstinktiven Laune heraus im Zuge dieses Büchleins entschieden, meinen freien Geist kritisierend und mit provokanten Thesen auf einem sogenannten „hohem Niveau"[1] über Gott und die Welt zu ergießen. Wer es braucht, liest weiter, wer nicht, lässt es am besten ab hier sein.

Das Leichteste im Leben ist das Meckern über alles. Das fällt einem jeden von uns so leicht und es ist dabei so erquickend – es ist eine Art Befreiung von der eigentlichen

---

[1]Was auch immer das sein soll. Es dient lediglich der Beruhigung des Bürgertums, etwas Besseres sein zu wollen als alles unterhalb der Mittelschicht; aber Jammern auf „hohem Niveau" ist auch nicht anderes, als banales Meckern über alles und nichts.

Machtlosigkeit gegenüber den oligarchischen Entscheidungsträgern und vor allem von den qualvollen Alltagsbelastungen! Das kann sogar so leicht von den Lippen gehen, dass einem dabei die Schwere davonfliegt, so dass man sich eigentlich über gar nichts mehr beschweren könnte. Aber da haben wir die Rechnung nicht mit der Erdanziehung gemacht. Die holt einen ganz schnell wieder auf den Boden der Tatsachen. Und die Beschwerden gehen los:

Das ganze Leben ist ein einziges Geplänkel. Es gibt keine Garantie für das Leben, es gibt kein Vorwärts und kein Zurück. Es gibt ja nicht mal das Jetzt. Was soll das auch sein? Alles was passiert ist eine einzige Abfolge eines großen chaotischen Gewusels, nach dem in ein paar Millionen Jahren sowieso keiner mehr fragt. Die Leute rennen hin und rennen her. Wir jagen permanent irgendetwas nach und wissen nicht mal wofür wir das alles tun, wofür wir dieses und jenes brauchen und sind dabei der Meinung, wir seien unsterblich oder wir könnten all die erbeuteten Dinge nach dem Ableben mit in den Himmel hinüberretten. Dabei beuten wir Mensch, Tier und Planet unbeirrbar in gutem Glauben an das Richtige aus, machen dabei alles kaputt und sind auch noch so ignorant, dass uns ist das bei genauerer Betrachtung sogar ziemlich egal ist. Die paar Leutchen, die sich um den ethischen Erhalt der Werte oder um den Erhalt der Umwelt kümmern? Lächerlich! Und wenn wir noch genauer hingucken, dann stellen wir sogar fest, dass die Verantwortlichen nur Caos verursachen, weil die genauso wenig wissen was sie tun wie wir alle hier auf dem Planeten.

Und um das Ganze für uns alle erträglich zu halten, machen wir uns das Leben gegenseitig so richtig schwer mit Gejammer, Meckerei, Denunziantentum, Unterdrückung, Gängelei, Mobbing und weiteren perfiden Folterinstrumenten infantiler Erwachsener. Auf der anderen Seite stehen derweil all die Positivisten und winken uns mitleidig zu.

Na, ja, dann lassen wir den Jammer doch mal so richtig los!

Ralf-Peter Nungäßer

Povóa e Meadas, Castelo de Vide, District Portalegre, Alentejo, Portugal, September 2019

Der ganz normale Wahnsinn

Auf Facebook schreit die Gemeinde nach Liebe, Freiheit und Selbstbestimmung. Aber niemand lebt danach, sonst würde es ja schließlich keiner in seinen Posts ständig von sich selbst und von den anderen einfordern. Und doch beobachtet ein Teil der FB-Gemeinde, dass in unserem alltäglichen Zusammenleben irgendetwas nicht mit rechten Dingen zugeht, und das Verkehrte wird als wahnsinniger Normalzustand angeprangert.

Der Hypnose-Therapeut, Michael Ellner, bringt den Wahnsinn einer verkehrten Welt auf den Punkt:

„Alles läuft verkehrt; alles ist verdreht. Ärzte zerstören die Gesundheit. Anwälte zerstören das Gesetz. Universitäten zerstören Wissen. Regierungen zerstören Freiheit. Die großen Medien zerstören Informationen. Und Religionen zerstören Spiritualität."[2]

Das Normale avanciert zum Kranken und das Kranke wird zur Normalität, wie man dies in zehn absurden Fakten über die Gesellschaft, die wir als normal akzeptieren, zusammenfassen kann:[3]

---

[2]Ellner, M. (2019): Verkehrte Welt. MyMonk: Hamburg. URL: https://mymonk.de/absurde-gesellschaft
[3]Vgl. MyMonk (2019): 10 absurde Fakten über die Gesellschaft, die wir als normal akzeptieren. MyMonk: Hamburg. URL: https://mymonk.de/absurde-gesellschaft

1. Wir nehmen Geld wichtiger als die Umwelt, als Wasser, Luft, Lebewesen und
   Lebensmittel und als unsere körperliche
   und seelische Gesundheit. Dabei verbra-
   ten wir beispielsweise jeden Tag wichtige
   Lebenszeit, um unter krankmachenden
   Arbeitsbedingungen Geld zu verdienen,
   dass wir dann wieder ausgeben, um uns
   „gesund zu kaufen".
2. Wir teilen den Platz auf der Erde auf und
   kämpfen dann um diese Puzzleteile
   (Land, Luft, Wasser und Energie). Dabei
   treten wir die Würde des Menschen, in
   dem der Mensch sich seine Grundbedürf-
   nisse teuer erkaufen muss durch Miete,
   Pacht, Wasserabgaben, Luftsteuer, Ener-
   gieabgaben und überteuerte Nahrungsmittel.
3. Wir schlachten jeden Tag Millionen Tiere
   ab, um Massen an Fleisch zu „produzieren", das uns krank macht. Dabei nehmen
   wir jedes Leid dieser Lebewesen in Kauf,
   machen uns über vegan orientierte Menschen lustig und greifen jeden an, der unsere Haustiere beleidigt.
4. Wir schicken unsere Kinder in Schulen, in
   denen sie einen großen Teil ihrer Kindheit
   verwenden, um Dinge zu lernen, die
   ihnen und der Welt nicht helfen. Dabei lernen sie nicht die 12 lebenswichtigen Es-
   senzen aus der Positiven Psychologie wie
   Positiv Denken, Gelassenheit, Geborgenheit, Achtsamkeit, Glaube, Sinn, Ethik,

Vertrauen, Verzeihen, Güte, Solidarität und Liebe.

5. Wir arbeiten rund um die Uhr (nehmen dabei Arbeitswege, Überstunden und Homeoffice im Kauf), und nehmen in Kauf, den Rest der Kindheit unserer Kinder zu verpassen und die Freiheit unseres eigenen Lebens. Aber wenn wir in Rente gehen, das wird toll, da beginnen wir dann mit dem Leben, voller Gebrechen, Burnout, Verbitterung und Lebensfrust.

6. Wir lassen nützliche Erfindungen patentieren, die die Welt besser machen können, und hindern andere daran, sie zu nutzen. Seit Jahrzehnten liegen Programme zur erneuerbaren Energie in den Schubladen der Lizenzinhaber, nur um mit den energieerzeugenden Dreckschleudern noch genug Geld zu verdienen, während die Allgemeinheit auf den Reparaturkosten für die geschädigte Umwelt sitzen bleibt.

7. Wir passen uns an die Norm an, treten unsere Individualität in die Tonne und kaufen dann teure Klamotten, Autos und Handys, um unser gebeuteltes Selbstwertgefühl kurzfristig aufzuwerten. Dabei greifen wir andersdenkende und anderslebende Menschen an, die auf der Suche nach authentischen Selbstwert diese krankmachenden Psychospiele der infantilen Erwachsenen nicht mitspielen wollen.

8. Wir setzen uns ein Ziel nach dem anderen und kommen nie an, nirgends. Dabei vergessen wir allem Anschein nach, dass das letzte Hemd keine Taschen hat und tun aber so, als könnten wir irgendetwas in den Himmel mitnehmen.

9. Wir erfinden Religionen und Abspaltungen von Abspaltungen von Religionen und erheben uns über alle, die an eine andere Story glauben. Dabei haben wir absolut aus den Augen verloren, dass wir alle zusammen einem einzigen Glauben nachrennen: Nämlich der Illusion der Allmächtigkeit.

10. Wir sehen Güte, Mitgefühl und Nachsicht oft als lächerliche Schwäche an und Egoismus und herzlose Härte als Stärke. Dabei jammern wir gleichzeigt über die Ungerechtigkeit der Welt, die über jeden einzelnen völlig opferhaft einher fällt, gar so, als seien wir absolut unbeteiligt an all den Widerwärtigkeiten menschlicher Entwicklungen.

Ehrlich gesagt, man kann eigentlich nur noch Bestürzung gegenüber einem solch verzerrten Normalitätsbegriff empfinden. Kein Mensch mit einigermaßen gesundem Menschenverstand könnte mit einem derart unnormalen Normalitätsverständnis leben, oder? Scheinbar schon. Oder wie kann sich erklären, dass sich Menschen ständig gegenseitig von ihren Krankheiten erzählen, als gebe es nicht anderes mehr und dabei nicht kapieren, dass Ärzte nur dazu da sind, die Krankheiten am Laufen zu halten, damit die Pharmaindustrie ihre Pillen zu Höchstpreisen verkaufen können? Oder wie lässt sich erklären, dass Eltern es zulassen, dass ihre Kinder in der Schule von Lehrern gemobbt werden und stellen sich dabei auch noch hinter die Lehrer mit der Begründung, dass die Kinder das schon verdient haben – was sind denn das für Eltern? Oder warum rennen alle Leute in Heerscharen in die Kirchen und beten in okkultem Wahn ein blutiges Galgenmännchen am Kreuz an, in der Hoffnung, dass sie von eben jenem erbärmlich dahinsiechenden Figürchen von ihren Sünden reingewaschen werden, während sie, sobald sie die Kirche wieder verlassen haben, beginnen, auf die anderen zu zeigen, die sich nicht so verhalten wie sie es gerne hätten und sie mit einem Fingerzeig in sündiger Manier verurteilen. Oder, wieso müssen Häuser exakt entsprechend eines Stadtbilds gebaut werden, während Firmen ihre Fabriken wahllos auf Feldern platzieren dürfen um das Naturbild zu verschandeln? Oder warum ist alles für das Normalvolk so zwanghaft überbürokratisiert, reglementiert und vorgeschrieben, während Leute, die sich für normaler als normal halten und ihre Seilschaften in den oberen Schargen pflegen, um sich an den für alle Menschen gleich gültigen Vorgaben vorbei zu schummeln? Oder warum lassen sich Millionen von Menschen auf Arbeit von ihren Vorgesetzten bis zum Burnout schikanieren und setzen sich nicht zur Wehr, nur weil alle Angst davor haben ihre Existenz nicht mehr sichern zu können? Und so weiter und so fort, die Liste der Ungereimtheiten ließe sich unendlich lang fortführen – Sie selbst, geneigter Leser und verehrte Leserin, könnten in diesem Zusammenhang gewiss ihre eigene Liste nach Gutdünken und eigenen Erfahrungen zusammenstellen. Und in der Zwischenzeit rennen alle selbsternannten Gutmenschen in Parteien und Organisationen mit dessen Ideologischen Programmen und sind der festen Überzeugung, dass nur ihre Meinung die einzig Wahre ist, um die Welt zu retten – dabei wird vergessen, dass wir nicht gegeneinander kämpfen sollten, sondern die Vielfalt miteinander kooperativ in Einklang bringen sollten, in Offenheit, Aufrichtigkeit, Nachhaltigkeit und mit dem Willen, Dinge auch mal zuzulassen und auszuprobieren, ganz gleich wie augenscheinlich und vermeintlich erfolglos dies eingeschätzt wird. Aber nein, die Bürokraten, Ideologen, wissenschaftliche Besserwisser aller Couleur, Politiker, Anwälte, Pädagogen, Ärzte, Juristen, Pfarrer oder unwissenden Meckerfritzen und deren Gesetze, Verordnungen und Anweisungen verhindern alles, was ihnen nicht in den Kram passt.

Nun, gut. Fragen wir uns an dieser Stelle, wohin der ganz normale Wahnsinn hinführen wird? Haben Sie dazu eine Idee? Dann schreiben Sie die einmal hier auf:

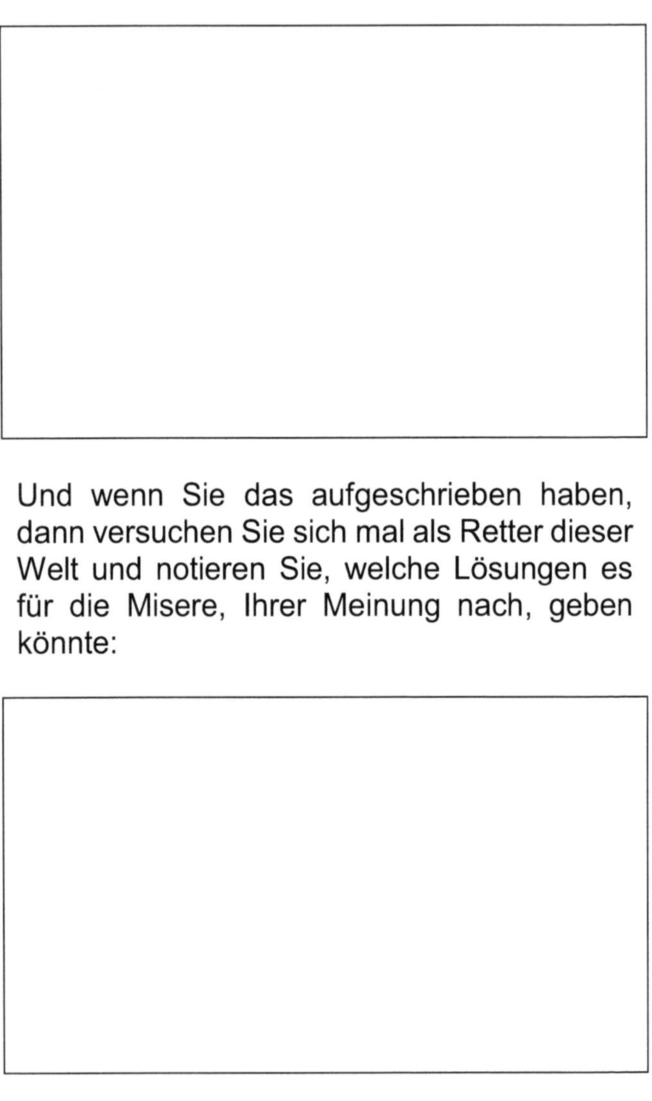

Und wenn Sie das aufgeschrieben haben, dann versuchen Sie sich mal als Retter dieser Welt und notieren Sie, welche Lösungen es für die Misere, Ihrer Meinung nach, geben könnte:

Der ganz normale Wahnsinn ist das, was wir alltäglich als vermeintlich unveränderbar akzeptieren: Mord und Totschlag, Massenhinrichtungen von Tieren, Erdausbeutung bis zum Abwinken, Kindermissbrauch auf der ganzen Welt, Fernsehprogramme zur Verdummung, Drogenabhängigkeit und Siechtum, Hungersnöte und Lebensmittelvernichtung, Werbung zur Bedürfnisirritation, Banken, die unseren Reichtum begrenzen, Politik, die unsere Entfaltung unterdrückt.

Na gut, ich will ja nicht alles schwarzmalen: Zuletzt bleibt uns doch wenigstens noch die Hoffnung – wie schon vor 500 Jahren die katholische Kirche uns weiszumachen versuchte – auf ein besseres Leben nach dem Tode. Das sind doch mal normale Aussichten, auf die man sich verlassen kann, oder?

Wir sind nicht gut genug

Wenn wir geboren werden, dann sind wir noch ein unbeschriebenes Blatt, welches im Laufe der Zeit fortlaufend beschrieben, bemalt, vertont und modifiziert werden will. Das Erstaunliche dabei ist, dass dies der Mensch ganz alleine kann. Er ist zwar ein Nesthocker und braucht seine ihn während seiner Entwicklung notwendige unterstützende und versorgende Umgebung, aber das Lernen vollzieht der kleine Erdenbürger von ganz alleine, ganz praktisch ohne Hilfe. Er schaut sich alles ab, was ihn seine Umgebung an Lerninformationen zur Verfügung stellt, aber aneignen tut er sich das alles selbst. Der Mensch lernt laufen, sprechen, entscheiden und vieles mehr, ganz ohne Zutun anderer Menschen.

Doch bereits während er noch frei und fröhlich durch seine Umwelt wandelt, beginnen die ersten Einflüsse ihn schon dorthin zu steuern, wo seine angeblich ihn liebenden Menschen ihn hinhaben möchten. Der keine Mensch darf dann plötzlich nichts mehr alleine. Er darf nicht lachen, er darf nicht laut sein, er soll nicht rennen, er darf nichts frei äußern, er muss sich benehmen, soll bitte und danke sagen, er soll Erwachsene nicht stören und vieles mehr. Mit einem Mal ist er nicht mehr per se der Liebling der Eltern, so süß und unverwechselbar einmalig. Da der junge Mensch seinen eigenen Kopf entwickelt ist er mit einem Male wie alle anderen Kinder in seinem

Alter ungehorsam, frech, ein Motzkopf und unendlich trotzig. Die süße Prinzessin, der kleine Pascha tuen nicht mehr, was man von ihnen verlangt und infolge dessen beginnt man die Kinder auf der emotionalen Ebene zu bestrafen, in dem man sie nicht mehr lieb hat, sich auf der warmen Gefühlsebene von ihnen abwendet und ihnen die kalte Schulter zeigt, oder sie heißblütig verurteilt, ihnen Dinge verbietet und ihnen zeigt, dass man nicht damit einverstanden ist wie sie sind. Und siehe da, plötzlich ist man nicht mehr gut genug für seine Eltern.

Das gleiche Spiel zieht sich dann ein Leben lang durch wie ein roter Faden. Dann ist man im Kindergarten auf einmal nicht mehr normgerecht in der Entwicklung, weil man nicht das machen will, was die Masse machen soll, in der Schule ist man auffällig, weil man seine eigenen Gedanken entwickelt, in der Arbeitswelt nicht kompetent genug, weil man dieses oder jenes Zertifikat nicht hat, in der Ehe ist man nicht ausreichend aufmerksam, weil man mit zu vielen Verpflichtungen verbandelt ist, in der Rente will man einen nicht mehr haben, weil man auf einmal zu alt für alles ist und im Pflegeheim wird man dann ans Bett gefesselt, weil man vor lauter Einsamkeitsfrust um sich schlägt.

Bei genauerer Betrachtung stellen wir fest: Wir sind überall nie gut genug für andere Menschen. Ständig haben andere irgendetwas an einem zu bemängeln, zu kritisieren, zu beurteilen und infolge dessen werden wir dann verurteilt mit angedrohten und umgesetzten Konsequenzen. Bis jetzt hat noch niemand danach gefragt, was ich eigentlich will. Das tut auch niemand, weil wir alle voneinander erwarten, genau das zu tun was eben wir voneinander erwarten: Höflichkeit, Freundlichkeit, Hilfsbereitschaft, Kompetenz und Leistungsfähigkeit sowie Angepasstheit. Aber nicht nur das, wir, die Verurteilten, tun das Gleiche auch mit unserer Umwelt: Wir haben dieses Verhalten von klein auf verinnerlicht: Passe dich an und du wirst einigermaßen akzeptiert. Das, was man von uns selbst erwartet, das erwarten wir natürlich auch von den Anderen in unserer Umwelt. Und so haben wir uns ein Wechselwirkungskontrollmechanismus installiert, in dem wir uns alle gemeinsam in Generalgeiselhaft genommen haben, aus der wir nicht mehr herauskommen. Und weil wir uns alle nicht mehr gut genug füreinander sind, haben wir uns Ersatzbefriedigungsobjekte installiert wie Konsum, Statussymbole, Hierarchien, Parteien, Vereine, Religionen und Genussdrogen innerhalb derer wir uns dann frei entwickeln dürfen und bei entsprechender Anpassungsleistung geachtet werden. Und schon haben wir einen Liebesersatz gefunden, mittels dessen wir endlich Erfüllung zu glauben finden: Wir projizieren die Absolution auf Markenprodukte, auf Autos, suchen sie bei Vorbildern, Göttern und Popikonen, im

Alkohol und anderen absurden Illusionen wie Macht, Ruhm, Gier und Eitelkeiten aller Art.

Nachdem nun die eigenen Bedürfnisse über die Anpassung an andere Bedürfnisse reibungslos verinnerlicht und im Alltag erfolgreich praktiziert wird, müssten doch nun alle Menschen unendlich glücklich sein, nicht wahr? Dabei bleibt am Ende eine Frage noch offen: Wo ist bei alledem nur die Liebe hin, die wir alle so anpreisen, als sei sie ein unerreichbares Wunder?

Kein Wunder, dass wir uns darüber wundern, warum es keinen Frieden auf dieser Welt gibt. Irgendwie seltsam, oder?

Der Meckerfritze

„Bismarck ärgert sich gewiss
 über jeden Taubenschiss"
(Herman Van Veen)

Kennen Sie ihn? Was? Sie kennen den Meckerfritzen nicht? Dabei ist dies doch einer der prominentesten Zeitgenossen, die es gibt: In aller Munde, überall bekannt, jederzeit zu Diensten und jedermanns bester Freund. Ja, gar ein Busenfreund, so sehr in unserer Brust innewohnend, dass man ihn gar nicht übersehen kann. Der Meckerfritze wird sogar landläufig beschrieben als der böse Bruder vom Gutmenschen. Bei genauerer Betrachtung ist der Meckerfritze eigentlich und im Grunde ein recht kompetenter Kerl in Sachen Schlechtreden. Alles und jeder wird von ihm schlecht gemacht – sämtliche Phänomene von „Altwerden" bis „Zukunft" werden dabei aus den vielfältigen Blickwinkeln des negativen Betrachtet und ans Licht des Jammers gezerrt. Der Meckerfritze ist Fachmann auf dem Gebiet der Transformation und ist in der Lage, recht kreativ aus einer Freudenbotschaft eine Leichenrede zu machen. Dem Meckerfritzen entgeht kein Thema ohne Negativkommentar. Darauf ist mit 100%er Sicherheit absolut Verlass: Er regt sich über alles auf was ihm zu Ohren oder in Sichtweite kommt und hat zu allem eine Meinung, ob er sich in einer Thematik auskennt oder nicht, spielt dabei überhaupt keine Rolle, er beurteilt, verurteilt, kommentiert, kritisiert, korrigiert und ist bei alledem auch noch der festen Überzeugung, mit seinen Ausführungen immer und zu jeder Zeit absolut Recht zu haben. Andersdenkende werden stante pede diskreditiert, diffamiert und gegebenenfalls mundtot gemacht. Der Meckerfritze weiß nicht nur alles besser als andere, nein, nein, er hat auch für alles eine Lösung! Er ist Lösungsexperte: Er löst gute Gefühle auf, er eliminiert Anflüge von Freude, er sorgt für schlechte Laune und er weiß, wie man Beziehungsbindungen auflöst. Er weiß exakt wie man alles richtig macht. Er ist praktisch fehlerfrei. Fehlerhaft sind nur die Anderen und Schuld an allem sind die üblen Umstände. Und das spornt ihn dann so richtig an, wieder über die Anderen oder über die Zustände zu meckern. Der Meckerfritze hat es im Laufe seiner Verbitterung zu einer wahren Meisterschaft in den meckereiergänzenden Disziplinen des Aufregens, des Jammerns, des Lästerns und des Mobbings geschafft. Darauf ist er wahrhaft stolz. Er kennt sich nämlich in Allem aus: Ob es das leidige Wetter ist, das für jedes Wehwehchen herhalten muss, die unfähigen Politiker, die daran Schuld sind, dass man auf keinen grünen Zweig komme, die nervige Nachbarschaft, die einen ständig daran hindert, sich wahrhaft entfalten zu können, der schwache Fußballverein, der längst schon fünf Mal hintereinander Fußballmeister geworden wäre, wenn man selbst nur Trainer gewesen wäre, die lebensfremden Wissenschaftler, die immer wieder neue Dinge erfinden, die keiner braucht aber von den Steuergeldern bezahlt werden, die arroganten Reichen, die in Saus und Braus leben, während unsereins sich abrackert und immer nur mit einem Hungerlohn abgespeist wird. Der Meckerfritze ist sogar Experte für Widersprüchlichkeit: Einerseits meckert er darüber, dass alles viel zu teuer ist und im gleichen Atemzug schimpft er über die Knausrigkeit seines Arbeitgebers; er redet sich in spitzen Tönen in Rage über den hohen Benzinpreis und fährt innerhalb seines Wohnortes jeden noch so kleinen Weg mit dem Auto; er verurteilt die Jugend und hat seine eigene dabei seit Jahren verdrängt; der Meckerfritze schimpft über die Prominenten, er regt sich über die Ärzte auf, er meckert über die anderen Autofahrer, die Fußgänger, die Fahrradfahrer über Kinder, das Schulsystem und überhaupt, war früher alles ganz anders und viel besser. Und am Ende ist da noch Gott, der schlussendlich als Sündenbock für alle Unzulänglichkeiten des Meckerfritzen herhalten muss. Diese Menschengattung weiß nicht nur alles besser, sie kann auch alles besser und wird es noch mal allen zeigen, wenn man sie nur mal machen ließe. Sie sind der Meinung, dass der Meckerfritze seine Bekanntschaften ausschließlich aus Stammtischkreisen rekrutiert? Fehlanzeige. Der Meckerfritze ist eine populäre Erscheinung, die quer durch alle Gesellschaftsschichten geistert und ihren Unfrieden stiftet. Sie sind in den Vermieterclubs genauso anzutreffen wie unter den

Mieterstammtischen. Meckerfritzen gibt es in den Chefetagen genauso wie bei den gemeinen Mitarbeitern unterer Finanzränge. Meckerfritzen finden schnell zueinander und solidarisieren sich gegen alle, die auch nur ein Fünkchen Vernunft im Grips haben. Das liegt in der Natur der Sache begründet, alle Angelegenheiten lediglich oberflächlich und vom pragmatischen Standpunkt heraus zu betrachten; alle anderen Themen, die außerhalb ihrer geistigen Reichweite liegen, werden als unsinnig und unnütz abgestempelt. Meckerfritzen meckern sogar über sich selbst – aber nur dann, wenn es niemand mitbekommt. Dabei sucht der Meckerfritze eigentlich nur nach Liebe und Anerkennung – mehr nicht. Ach übrigens: Mein Name ist Fritz und wie Sie sicherlich gemerkt haben bin ich ein wahrer Adept im Meckern. Und Sie? Wie weit sind Sie mit ihrer Ausbildung zum Meckerfritzen?

Schöne neoliberale Welt

In Deutschland sind die Leinen los und ein neues, furchterregendes Gespenst geht um: Der Neoliberalismus. Salonfähig wurde dieser Flaschengeist durch die revolutionäre Kaste der 68er-Generation, die von 1998 bis 2005 die politischen Institutionen moralisch herunterwirtschafteten. Seitdem ist der Flaschengeist frei und wütet unaufhaltsam querbeet in allen gesellschaftlichen Reihen und Schichten.

Der Liberalismus an und für sich ist eine humanistisch geprägte und seit der Aufklärung salonfähige Ideologie mit dem Ziel der Befreiung des Menschen aus den Klauen der Machtstrukturen in Gottes Gnaden. Aber wie bei allein „Neuerscheinungen" gibt es sogleich pluralistisch geprägte Auslegungen ein und derselben Sache, so dass die Ursprungsidee todgeredet wurde. Und in diesem Sinne kam was kommen musste: Es entstand der Naturliberalismus mit seinen sozialfeindlichen Einstellungen, dass der Stärkere sich durchsetzen werde. Diese Aussage auf Kosten der sozialen Intelligenz des Homo Sapiens sorgte im Laufe der Historie dafür, dass die Welt mehrere Male in Schutt und Asche gelegt wurde mit insgesamt über 70 Millionen unsinnig gestorbenen Menschen mit vernichteten sozialen Bindungen und ontogenetischen Entwicklungspotenzial. Die nach dem zweiten Weltkrieg entstandene „Soziale Marktwirtschaft" ließ hoffen, dass die Energien des Naturliberalismus zugunsten einer gerechten Verteilung der materiellen und geistigen Ressourcen gebündelt und eingesetzt werden. Dies ging auch gut bis zur Entwicklung der Privatisierung von Gemeineigentum, der Entstehung des „Neuen Marktes" mitsamt seiner weltumspannenden Globalisierungswirtschaft. Von nun an erlebte der Naturliberalismus eine Renaissance in neuem Gewand mit der Bezeichnung: Neoliberalismus.

Schauen wir uns im Zuge dieser Entwicklung folgende exemplarischen Begleiterscheinungen an:

A) Neoliberalismus und Bildung

In der Pisa-Republik Deutschland ist ein allgemeiner Werteverfall sichtbar. Und niemand kann sich mehr dagegen wehren – außer, dass der Staat darüber nachdenkt, Firmen, die einen Hauptschüler einstellen, mit öffentlichen Mitteln zu subventionieren. Nicht nur, dass die deutsche Sprache zurzeit und im Moment keine logisch nachvollziehbaren Rechtschreibregeln mehr hat und orthographisch verroht, selbst die Bildung läuft seit über 10 Jahren aus dem Ruder. In den 90er Jahren hat sich eine Kohorte von liberalen Didaktikern über unser Schulsystem ergossen und, zum Wohle des Kindes, dafür gesorgt, dass ungeformte junge Wesen in selbstorganisatorischer Erwachsenenbildungsmanier das Wissen schließlich eigenverantwortlich anzueignen habe, anstatt sich darauf zu konzentrieren, unserem Nachwuchs elementare Lerntechniken zu vermitteln, die ihn dazu befähigt, das Wissen auch zu behalten und anwenden zu können. Heute strömen diese pisa-bildungsgeplagten jungen Menschen in die Berufe und behaupten doch mit vollem Ernst Spanien sei die Hauptstadt von Frankreich und der Treibhauseffekt sei eine Werbemasche, um die Käufer ins Kaufhaus zu treiben. Das ist für ein so genanntes Bildungsland schlichtweg peinlich. Kein Wunder also, dass sich einige selbst ernannte und überbezahlte Qualitätsmanager in den Kommunen, Kirchen und Chefetagen überlegt haben, aus der Volksverdummung Kapital zu schlagen und hoch dotierte Berufe wie beispielsweise den Erziehungswissenschaftler in einen Sozialassistenten zu verwandeln. Wer heute noch studiert riskiert am Ende des Studiums einen unterbezahlten Job anzunehmen oder gleich in SGB II abzurutschen. Wenn man dann noch während eines Bewerbungsgespräches von einem Lehrer gefragt wird, was denn bitte schön ein Diplom-Pädagoge sei, drängt sich dem einigermaßen klugen Kopf die Frage auf, ob der Herr Studienrat sein Studium wohl im Lotto gewonnen habe. Diese entwürdigende Entwicklung hat nun zur Folge, dass sich Politiker aus der dritten Reihe lautstark zu Wort melden und nach einem Mindestlohn in der Bildungsbranche rufen, anstatt zu fordern, dass Schulen, in denen Lehrer ihr eigenes

Kopierpapier von Zuhause mitbringen müssen, weil der Betreiber nach Kostensenkungen schreit, ordentlich mit Lehrmittel, Lehrern und organisatorischen Freiräumen auszustatten, damit das Land endlich wieder in jedem Schulzweig anhand ihrer Lehrervorbilder orientierte gut ausgebildete Schulabgänger erwarten dürfen und Firmen hierdurch wieder bereit sind, dieses junge Bildungspotenzial mit Kusshand einzustellen.

Hinzu kommt noch die Tatsache, dass wir ja in Deutschland angeblich Schulwahl- und Schulmittelfreiheit haben. Das ist so nicht ganz richtig: Wenn Sie heute Ihren Sprössling lieber auf einer anderen Schule anmelden möchten, als auf die in Ihrem Ort vorhandene Schule, dann bekommen Sie die Fahrtkosten nicht erstattet. Und wenn Sie heute nicht bereit sind Kopiergeld, Büchergeld oder Materialgeld zu bezahlen, dann können Sie damit rechnen, dass sowohl von Seiten der Elternschaft als auch von der der Lehrer eine Hexenjagd auf Sie gestartet wird, analog der von Heinrich Böll beschriebenen Geschichte „Die verlorene Ehre der Katharina Blum" und zwar mit dem Hinweis, dass ihr Kind dann eben nicht mitlernen könne. Das ist eine beispiellose und spitzenhafte Errungenschaft der neoliberalen Einsparpolitik. Freien Zugang zur Bildung sollen also demnach nur diejenigen haben, die ihn sich also finanziell leisten können. Seltsames Gleichheitsprinzip auf dem Sockel einer wackeligen Bildungspolitik.

So viel zur Bildung für alle in Deutschland.

B) Neoliberalismus und Recht

Im Zuge des Neoliberalismus, in dem jeder alles darf was dem sozial Schwachen sowie dem sozialen Gemeinwohl schadet, hat sich auch unser Justizsystem diesem, ich möchte fast schon sagen: Pisa-Trend, angepasst. In Deutschland hat das Wort Gerechtigkeit nur noch Platzhalterwert und wird wohl über Kurz oder Lang von irgendeinem sinnentleerten Fremdwort aus unserem Wortschatz verschwinden. Wenn Politiker beispielsweise ein Gesetz zur freiwilligen Pflichtversicherung (welch ein Hohn in der Bezeichnung!) eines Freiberuflers nach SGBV bei einer Krankenkasse beschließt, so kann er sicher sein, dass das Beratergehalt des Politikers, wenn er es gut anlegt, ihn bis zu seinem Lebensende hervorragend ernährt. Der Freiberufler oder Selbstständige im Gründungsstadium hingegen hat nun das Problem am Hals, dass er sich die überhöhten Kassenbeiträge nicht leisten kann und nach einer Weile den Vollstreckungsrichter vor der Türe stehen hat und in die Privatinsolvenz gehen muss. So viel zur Freiwilligkeit einer Pflichtversicherung und zum Thema Aufbruchstimmung bei Existenzgründungen, die sehr rasch in Abbruchstimmungen münden. Rentenversicherung, Arbeitslosenversicherung und Haftpflichtversicherungen und so weiter und so fort sind dabei noch lange nicht bezahlt. Auf der anderen

Seite können wir uns mit unbehaglicher Genugtuung betrachten, dass ein geschiedener Kindesvater nach Gutdünken seiner Unterhaltsverpflichtung einfach mal nicht nachkommen möchte und das Strafgericht aufgrund der durch seinen kriminellen Steuerberater falsch ausgestellten Bilanzierungsbeleg nicht überprüfte Nachweisbarkeit seiner Liquidität das Verfahren einstellt. Die berufstätige Mutter mit drei Kindern, die hierbei in der Zwischenzeit des über eineinhalb Jahren andauernden Amtsgerichts-Verfahrens die Finanzierung der Kinder irgendwie alleine aufbringen muss, erfährt hier keine Entschädigung und die SGB-Ämter fühlen sich allesamt nicht zuständig, außer darin, der Mutter schriftlich mitzuteilen, dass sie doch bitteschön aus der 60qm großen Wohnung ausziehen und sich mit ihren drei Kindern eine 50qm-Wohnung suchen soll, weil der SGB-Gesetzgeber der Ansicht sei, dass die Mutter hier an Kosten sparen könne. In der Zwischenzeit fährt dieser unterhaltsprellende Vater bei der Abholung seiner Kinder an den Besuchswochenenden von der Mutter mit einem mittels Dokumentenfälschungen finanzierten nagelneuen Mercedes-Bus vor während die Mutter sich ernsthaft Sorgen macht, die Kinder in der nächsten Woche über die Runden zu bringen.

So viel zur Gerechtigkeit in Deutschland.

C) Neoliberalismus und Kinderschutz

Aber es ist noch lange nicht genug. Der Neoliberalismus ist hungrig und sucht sich die Schwachen der Gesellschaft als beliebtes Opfer: Diejenigen, die vermeintlich keine Wertschöpfung zum Bruttosozialprodukt der Gesellschaft beitragen: Die Mütter. Sie werden als hysterisch und gluckenhaft dargestellt, wenn es ihnen um die Sicherheit ihrer Sprösslinge geht. Da kommt es in der deutschen Familiengerichtsbarkeit eines provinziellen Amtsgerichtes auch schon mal vor, dass man als rechtschaffende Mutter mit berechtigter Sorge um ihre Grundschulkinder, die beim geschiedenen Vater Alkohol zu trinken bekommen und zugegen sein dürfen, wenn der Zeuger sich bei Geschäftspartnern mit Joints in die Vertragsverhandlungen begibt, gesagt bekommt, dass ein Schlückchen Sekt doch niemanden schaden könne und im gleichen Atemzug begutachtet eine vom Gericht bestellte Familiengutachterin zum Thema „Drogen in der Vaterfamilie", dass der 14jährige Junge mit seinem Haschischkonsum „ganz im pubertären Trend" läge und sie als Kinder- und Jugendlichenpsychologin somit keine Gefahr im Verzug sehe. Diese Farce korrespondiert dann auch noch mit der Tatsache, dass das zuständige Jugendamt beim Interventionsgespräch der besorgten Mutter mit dem bis über alle Gesichtspartien gepiercten Sozialarbeiter erfährt, dass die bereits in einem anderen Zusammenhang mit sexuellem Missbrauch des Vaters an einer familiär außenstehenden Minderjährigen angelegte Akte nicht mehr da sei, so dass sich das Amt nicht mehr in der Lage sehe, in diesem akuten und brisanten Fall einzugreifen. An anderer Stelle bekommen Eltern in gehobenen Wohngegenden Besuch vom Jugendamt, weil ein Nachbar behauptet hat, die Kleinkinder würden in aller Öffentlichkeit mit Cola-Dosen in der Straße herumlaufen. In der Zwischenzeit hat eines der Kinder vom „Drogen-Vater" selbst das Rauchen angefangen und das „Haschischkind" dreht bereits die zweite Ehrenrunde in der Schule. Es ist schon erstaunlich wie es die Gerichtsbarkeit in Deutschland schafft, mit Blindheit geschlagen Recht zu sprechen und dabei in Kauf nimmt, leichtfertig die Zukunft der Kinder aufs Spiel zu setzen.

So viel zum Schutz unserer Kinder.

D) Neoliberalismus und Arbeit

Das sich Arbeit und Leistung für Bruttonormalverbraucher nicht mehr lohnt, das bekommen seit neustem ganze Heerscharen von Arbeitslosen in unsinnigen Crashkurs-Qualifikations- und Billig-Vermittlungsmaßnahmen zu spüren. Hier werden ältere und hochqualifizierte Menschen sinnlos geparkt, damit sie nicht mehr in der Arbeitslosenstatistik der Bundesagentur für Arbeit erscheinen und vorgegaukelt bekommen, man würde sich sinnvoll um sich kümmern. Alle bemerken den Fake hinter dem politischen Unsinn, nur die Verantwortlichen scheinbar nicht. Zum anderen trägt der Neoliberalismus einerseits mit seiner Entprofessionalisierung ganzer Berufszweige und andererseits mit einem übersteigerten Qualitätsmanagement für die kapitalakkumulierenden Konzerne im Lande per Gesetzgebung kostensparend zum Lohndumping bei, durch das gut qualifizierte Menschen durch ihre per Ausbildung, Berufs- und Lebenserfahrung erworbenen Ansprüche auf adäquate Bezahlung keine Chance mehr auf dem sogenannten ersten Arbeitsmarkt erhalten. Da kann beispielsweise jeder Bäcker mittlerweile eine Post-Agentur in seiner Bäckerei eröffnen. Hierzu benötigt man keine Qualifikation mehr – und der über drei Jahre lang ausgebildete Post-Logistiker wird einfach ausrangiert. Oder schauen wir uns in den Kindergärten um: Hier dürfen mittlerweile Eltern die Spaß im Umgang mit Kindern haben, ganze Kindergruppen für ein geringfügiges Honorar leiten, nur weil die Kommune oder die Kirche oder sonstige Träger sich keine gut ausgebildeten Erzieherinnen mehr leisten möchte. Auf der anderen Seite darf der durch Fortbildungen qualifizierte langjährig angestellte Arbeitsschutzbeauftragte einer Firma diese Funktion nicht mehr ausführen, weil die Zertifizierungsstelle vom Qualitätsmanagement der Firma fordert, dass es diese Funktion alleine nicht mehr geben darf und man neuerdings als Qualitätsbeauftragter diese Funktion nur mit einem Bachelor-Diplom in Wirtschaftswissenschaften ausgeführt werden darf. Auf der einen Seite darf jeder alles und auf der anderen Seite darf der Hochqualifizierte nichts. Da wundern sich dann plötzlich alle, dass es in Deutschland einfach nicht weiter geht und niemand mehr Interesse daran hat, sich nachhaltig zu verhalten, weil alle berufsbezogenen Werte aufgeweicht werden. Aber eine Mutter mit drei Kindern wird nach der Erziehungszeit nicht mehr eingestellt, weil ihr angeblich die berufliche Erfahrung fehle – dabei hat sie über Jahre hinweg sich im Training on the Job semiprofessionelle Managementqualifikationen in der Führung einer Familienorganisation erworben – von diesen sozialen Führungsqualitäten können so manche hochdotierten Manager, die Milliarden auf Kosten der Allgemeinheit verschleudern, nur träumen, wohingegen die Mutter immerhin gesellschaftsrelevante Reproduktionsarbeit zur Steigerung des Bruttosozialprodukts leistet.

Soviel zum Wert der Arbeit in Deutschland.

E) Neoliberalismus und Freiheit

Das Kerngebiet des Liberalismus, die Freiheit des Einzelnen von der Bevormundung durch Ideologien, ist nicht erreicht. Liberalismus in unseren Zeiten meint viel mehr die Freiheit der Ideologie gegenüber einer anderen Ideologie. Daher bekämpfen sich die unterschiedlichen Interessen und behindern somit eine raschere Entwicklung hin zu einem globalen Frieden, anstatt im Geiste der Solidarität zur

Lösung globaler Problematiken und Aufgaben gemeinsam miteinander im Sinne einer friedlichen Entwicklung der Menschheit zu kooperieren. Frei in ihren Entscheidungen sind lediglich diejenigen, die viel Geld haben: Pharma-, Waffen-, Auto-, Lebensmittel- und Energiekonzerne. Sie diktieren dem Rest der Welt was sie unter Freiheit verstehen: Sie bestimmen und alle anderen sind ihre Befehlsempfänger. Das ist das Gewand des Neoliberalismus: Freiheit für die Starken, Subfreiheit für die Abhängigen. Doch die Underdogs auf nationalen und internationalen Ebenen beginnen sich zu wehren, durch den Entzug des Gehorsams und dem Mut zum Freidenken. Liberalität beginnt im Kopf jedes Einzelnen: Nur wer frei ist seine Persönlichkeit zu entfalten, ist auch frei darin, die Persönlichkeitsentwicklung des Anderen zu akzeptieren. Hierin liegt das Entwicklungspotenzial des Liberalismus begründet: Freiheit im Denken und im Herzen ist der Motor einer sozialen, moralischen, kognitiven und emotionalen Entwicklung im Sinne einer konstruktiven Befriedung der Beziehungen untereinander. Aber wo Menschen in Zwangssysteme eingepfercht sind, gibt es keine Freiheit.

Soviel zur Freiheit.

Fazit:

Der Neoliberalismus entlässt die Bürger ins Ungewisse und begründet dies mit der neu gewonnenen Freiheit seiner Bürger. Die zunehmende Entstaatlichung ist ein schleichendes Heraushalten der Politiker aus aller Verantwortung bei gleichzeitiger Bürokratisierung von Verfahren und Vorgängen für die neu in die Freiheit entlassenden Menschen. Dies führt zu Verunsicherung und Werteverfall. Die zunehmende Pluralisierung setzt dabei auf das „Recht des Stärkeren": Wer besser reden kann steht im Vordergrund, wer besser zuschlagen kann kommt weiter, wer mehr bezahlen kann bekommt alles. Wer vorne dabei sein will, muss sich am Prozess der Endsolidarisierung beteiligen, um sich die letzten, noch zu verteilenden, Pfründe aus der alten Bundesrepublik unter den Nagel zu reißen. Die Kinder des Neoliberalismus heißen Sozialabbau, Turbo-Kapitalismus, Globalisierung, Selbstverantwortung, Selbstbeteiligung, Leistungsabbau, Raubbau, Endsolidarisierung, Lobbyismus und Ignoranz. Die Zeche für die einseitige Verteilung von unten nach oben tragen am Ende unsere Kinder und deren Kindeskinder.

Vermieter

Eine der letzten anachronistischen Reliquien aus der agrargesellschaftlichen Kultur vor 10000 Jahren ist das Rechtsverhältnis zwischen Mietern und Vermietern. Anachronistisch deshalb, weil es entgegen der postmodernen philosophischen Auffassung des radikalen Konstruktivismus keine Herrschaftsverhältnisse mehr geben dürfte, da jeder Mensch hiernach das natürliche Recht auf Selbstbestimmung in sich verinnerlicht und nicht auf Abhängigkeitsverhältnisse wie zu Zeiten der Leibeigenschaft zwangsrekrutiert ist. Da jedoch die kapitalistisch-demokratischen Realitätsverhältnisse unserer Zeit noch immer bestimmten Vertragsparteien, in der Regel denjenigen mit kapitalrelevanten Eigentum - also den Leistungsanbietern -, mehr Rechte einräumt als denjenigen Vertragspartnern, die die Leistungen zu beiderlei gleichem Nutzen in Anspruch nehmen, wird in diesem Rechtsbereich systemimmanent und daher permanent Unfrieden zwischen Mietern und Vermietern zu beiderlei Leidwesen erzeugt.

Wir wollen uns an dieser Stelle einmal die Position des Vermieters als Leistungsanbieter aus allen erdenklichen Blickwinkeln heraus anschauen, ohne dabei den Eindruck erzeugen zu wollen, dass dies schlechtere Menschen als andere seien. Dennoch darf an dieser Stelle erwähnt werden, dass nach obiger Ausführung, eine bestimmte Haltung bei einigen Vermietern generiert wird, die nicht nur an die Grenzen des gesunden Menschenverstandes heranragen, sondern diese sogar verlassen (das ist gewiss auch bei einigen Mietern der Fall, doch soll diese Spezies an anderer Stelle ihre gebührende Darstellung erhalten). Es gibt im Wirkungsbereich des Mietrechts zwei außerordentlich diametral entgegengesetzte Persönlichkeitsvarianten der Spezies Vermieter. Die eine Gattung ist die des Menschfreundes. Die andere Gattung ist vertritt die Position des Homo Aviditas, den gemeinen Gierhals. Die erste Variante des Vermieters vertritt die Auffassung, dass das Mietverhältnis sowohl der Stärkung und dem Aufbau der eigenen Lebenseinstellung dient und dies einzig und allein dem Leistungswillen und der Nutzenmaximierung des Mieters verdankt. Sein kaufmännisches Partnerbild von seinem Mieter ist das des Kunden, den es zufrieden zu stellen gilt. Der zweiten Variante ist das Verständnis eines gegenseitigen nutzbringenden Kausalzusammenhangs zwischen sich und seinem Mieter nicht in die Wiege gelegt worden, da er der radikal-fundamentalistischen Ansicht ist, dass der Mieter ein Sünder ist und hierfür Mietstrafe zahlen muss. Sein kaufmännisches Menschenbild vom Mieter ist das eines Leibeigenen bzw. Sklaven, den es in ausbeuterischer Feindbildmanier über den Tisch zu ziehen gilt. Was hat dies im Einzelnen zu bedeuten?

Der Homo Aviditas alias Gierhals ist meist die Vertretung derjenigen Gattung, die ausschließlich durch Fremdleistung zu Eigentum gelangt ist und nicht primär durch Eigenleistung (hier: Erbschaft, Schenkung oder Unterstützung aus dem familiären Umfeld). Diese materielle und geistige Unzulänglichkeit führt zu einer verdrängten Schmarotzerpersönlichkeit die, um sie nicht mit bewussten und daher schmerzhaften Erlebensinhalten zu füllen, in eine durch Reaktionsbildung entworfene Haltung der Überheblichkeit und Gier umgedeutet wird. Diese arrogante Einstellung findet dann ihre existenzielle Entsprechung in der projektionsbedingten misanthropischen Behandlung des Mieters durch den Vermieter, der aufgrund des Verdrängungsmechanismus zu der felsenfesten Überzeugung gelangt ist, dass der eigentliche Schmarotzer der Mieter ist, dessen einzige Schuld darin besteht, dessen Eigentum in Besitz genommen zu haben und in Folge dessen mit allen Mitteln als zu bekämpfen gilt. Und hierin liegt die Ursache eines unsinnigen Krieges, den der Vermieter mit seinem Mieter führt, weil er nicht in der Lage ist, seine Unzulänglichkeit zu erkennen und sich aktiv mit ihr auseinander zu setzen. Und das Schlimmste dabei ist noch, dass der Mieter für die kranken Kriegsfantasien des Vermieters dessen Kriegskasse durch die Mietzahlungen füllt, wobei doch seit Urzeiten hinlänglich bekannt ist, dass die Mietzahlung als das Entgelt für die Nutzung eines Mietgegenstandes gilt (das scheint der

Gierhals jedoch in 1000 Jahren noch nicht zu kapieren).

Diese zwanghaft konstruierte Kriegsführung benötigt der Menschenfreund gar nicht, weil dieser sich über seine eigene Leistung bewusst ist. Der Menschenfreund benötigt keine Projektionsflächen, um seinen inneren Schweinehund ständig äußerlich bekämpfen zu müssen. Der Menschenfreund ist im Gegensatz zum Gierhals nicht ständig damit beschäftigt, nach vermeintlichen Fehlleistungen des Mieters zu suchen, sondern übernimmt die Verantwortung für sein Inventar und ersetzt dies aufgrund nutzungsbedingten Verschleißes durch den Mieter ganz selbstverständlich und nach geltenden Recht auf seine eigenen Kosten, um die Wohnqualität des Mieters so angenehm wie notwendig zu gestalten und das hervorragende Mietverhältnis nicht unnötig zu belasten. Der Gierhals hingegen versucht permanent die Kosten für allerlei anstehende Reparaturen und Anschaffungen auf den Mieter abzuwälzen, weil er die Auffassung lebt, dass der Mieter sowieso ständig alles Mögliche allein durch seine bloße Existenz mutwillig kaputt macht, was er dann auch ganz selbstverständlich kostenpflichtig zu reparieren habe. Der Mieter müsse Rede und Antwort sowie qua Mietvertrag zu seiner Verantwortung stehen, die durch sein Wohnen im Objekt entstehende vermeintliche Wertminderung durch Ausgleichszahlungen entgegenzuwirken. Diese Art von Menschenfeindlichkeit birgt in sich den unstillbaren Drang, die Mieter vernichten zu wollen, mittels Drohbriefe, unverhältnismäßigen Mieterhöhungen, Anwaltsschreiben, Stalking und Mobbing.

Liebe menschfreundliche Mieter: Der Kampf mit diesen Widerlingen lohnt sich nicht und bevor Sie sich unnötig aufreiben, hilft hier nur noch eines: Dem wütenden Tier die Luft aus den Segeln nehmen durch AUSZIEHEN!

PS: Ärger, anlässlich eines Streits mit einer Biebergemünder Vermieterin.

Wenn Mutter-Kind-Kur krank macht

So kann es gehen, wenn sich Inkompetenz kontraindizierend auswirkt. So geschehen, vor kurzem während einer Mutter-Kind-Kur in Bad Sooden-Allendorf, die eine schwangere Mutter mit ihren vier Kindern macht. Anstatt die Mutter und ihre Kinder gesund zu machen, führt sie aufgrund einer Reihe von Fehlentscheidungen des Personals zu schwerer viraler Erkrankung aller Kinder einschließlich des Besuchs des Ehemanns und Vaters der Kinder. Es half nur noch eines: Notbremse, ein radikaler Kurabbruch soll Schlimmeres verhindern.

Kein Aprilscherz: Kuraufenthalt macht krank! Diese Meldung kursierte über eine Woche in der Mutter-Kind-Kurklinik Werraland. Als die Mutter von bald fünf Kindern am 21. März ihren Kuraufenthalt antrat war die Welt noch in Ordnung. Doch schon fünf Tage später, als ihr Ehemann die Klinik betrat, um seiner Frau als Begleitperson unter die Arme zu greifen, ahnte niemand was dieser Besuch mit sich bringen würde. Schon am Abend klagte der Vater der Kinder über starke Ohrenschmerzen einhergehend mit Fieber. Dann ging alles Schlag auf Schlag: Der zweitälteste Sohn bekam Ohrenschmerzen mit starkem Fieber, die Drittälteste bekam Übelkeit, der Älteste bekam Fieber und die jüngste war ebenfalls von Fieber befallen. Nur die schwangere Mutter war immun. Die Ärztinnen waren ratlos und verabreichten Antibiotika. Doch selbst ein Arztbesuch brachte keine Klarheit über die Krankheit. Vermutungen über das Pfeiffersche Drüsenfieber machten die Runde. Selbst Kinder anderer Patientinnen aus der Kur wurden nach und nach vom rätselhaften Fieber befallen. Plötzlich war das ganze Haus befallen. Und so nahm der Vater den zweiältesten Sohn kurzerhand unter seine Arme und fuhr mit ihm nach Hause. Der Kinderarzt stellte anschließend fest: Pfeiffersches Drüsenfieber - eine Viruskrankheit. Am nächsten Tag holte der Ehemann seine Frau und die restlichen kranken Kinder von der Kur ab, um weitere Verschlechterungen des familiären Krankheitszustandes zu verhindern. Schon mit der Ankunft in heimischen Gefilden begann der Genesungsprozess, der sehr langwierig war. Seltsam nur, dass eine Kurklinik – ein Stall voller Ärzte und Pflegepersonal – es nicht schafft, eine einfache Krankheit in den Griff zu bekommen. Eines ist schon mal sicher: Kur: Nein Danke! Und das Geld hat die Familie auch nicht zurückbekommen. In der Klinik hieß es nur lapidar: Sie hätten ja bleiben können…

Leben mit „Zucker"

Das Leben mit Diabetes ist für die Betroffenen alles andere als ein Zuckerschlecken. Und schon gar nicht, wenn von 8 Kindern drei vom Typ 1 betroffen sind, dann gibt es einige Phasen der Bitterkeit.

Wenn man als Kind vom mittlerweile in der Gesellschaft vermehrt auftretenden Diabetes Mellitus Typ 1 heimgesucht wird, dann ist das bislang ein lebenslanger Fluch, der da an einem als Betroffener und als Co-Betroffene anhaftet.

Wenn man zum ersten Mal die Diagnose DM-Typ1 bekommt, dann trifft einen das wie ein Schlag! Warum mein Kind? Was ist das eigentlich? Krank, ein Leben lang? Da wird schnell nach Schuld gesucht – vor allem bei einem als Eltern. Allerlei Kellerleichen fallen einem dabei ein und man gerät schnell in den Strudel der Selbstvorwürfe und Aberglauben im Sinne mea culpa! Das ist ein tränenüberströmender Zustand, aus dem einem niemand mehr herausholt. Die Ärzte nicht, die Schwestern nicht, die Familie nicht, die Ratgeber nicht und man selbst auch erst mal nicht. Hier herrscht erst einmal eine unendlich lange Zeit Rat- und Zeitlosigkeit vor.

Nur das betroffene Kind kann das nach seinen Schocktagen vom Tag der Diagnose an, über die Einstellungstage im Krankenhaus, bis zum Routinehandling Zuhause ziemlich schnell wegstecken! Trotzdem versucht man erst einmal als Eltern die Beherrschung vor dem Kind zu wahren, um es nicht in seiner Annäherung an diesen Krankheitszustand zu stören oder gar zu behindern. Das Kind lebt die Metamorphose vom Schockzustand hin zu einem Routinezustand vor und als Eltern blickt man so langsam auch wieder mit Zuversicht nach vorn!

Und dennoch: Die Bittertage liegen nun vor einem:

- Reizbarkeit
- Überzuckerung
- Unterzuckerung
- Ausraster
- Deprimiertheit
- Entgleisungen
- Tränen der Frustration
- Tägliches Piksen und Messen, Blut sehen
- Nächtliches Wecken bei Unterzuckerung
- Unverständnis in Kindergarten und Schule
- Ablehnung und mangelnde Kenntnis bei der Umwelt
- Ketone Messen
- Ständig darauf Achten, wann und was man isst
- Kinder permanent an die Messzeiten erinnern

- Dokumentation
- Regelmäßige Untersuchungen im Krankenhaus
- Regelmäßige Aufenthalte im KH zwecks Blutzuckereinstellungen
- Benachteiligungsgefühle bei den gesunden Kindern
- Kindern hinterherrennen, wenn sie keine Lust zu messen haben
- Alle Aktivitäten nach dem Diabetes ausrichten
- Und vieles mehr…

Keine Frage, was mit den Eltern passiert, wenn das zweite Kind die Diagnose erhält. Doppelbelastung pur. Bei einem Kind ist die Umgebung noch sehr besorgt. Beim zweiten Kind stellt sich niemand mehr gerne vor. Und wenn dann auch noch das dritte Kind den DM-Typ1 bekommt, dann kommen alle aus der Diabetesstation zu einem hingelaufen und nehmen einen mitleidig in den Arm. Das Entsetzen, die Ratslosigkeit und Trauer sind riesig. Und wieder ist man in gesamten Prozess alleine, vom Schock, über die Einstellung im Krankenhaus und vor allem anschließend im alltäglichen Routinehandling Zuhause. Niemand nimmt davon Notiz. Keinen interessiert es. Und dann ließt man ständig Berichte, in denen Kinder benachteiligt werden durch Schulausschluss oder durch Ablehnung einer Integrationskraft im Kindergarten durch das regionale Gesundheitsamt, die Schulen wollen das auch nicht übernehmen, und die

Krankenkassen auch nicht. Keiner fühlt sich verantwortlich. Außer wir Eltern, wir rennen unseren Diabe-Tigern ständig hinterher, um sie therapeutisch richtig zu versorgen, vom Aufstehen bis tief in die Mitternacht hinein – im Grund rund um die Uhr.

Und wenn man dann mal eine ruhige Minute kurz vor dem Einschlafen findet, dann weint man sich in den Schlaf – und dass das niemand hat sehen müssen, ist eigentlich schade!

So ist das Leben mit Zucker – und das ist noch lange nicht alles…

…es gibt ja bei all der Misere auch noch die Seiten, die dazu führen, so gut wie möglich unbelastet mit der Krankheit umzugehen. Natürlich ist es zwingend notwendig als Eltern eine positiv-konstruktive Einstellung insbesondere gegenüber den Kindern einzunehmen, damit die Kinder nicht mit dem Gefühl aufwachsen, sie seien eine Belastung für die Umwelt. Nein, hier geht es darum mit Demut die Krankheit anzunehmen und mit heilender Strahlkraft die Zuversicht auf ein normales Leben zu stärken, ja, sogar darüber hinaus den Kindern und der Umwelt zu vermitteln, dass die Krankheit zwar da ist, aber die Wertschätzung des Menschen dieselbe ist wie gegenüber Menschen ohne Krankheit bzw. Behinderung. Das heißt: Kinder stark zu machen, dafür, sich mit einem gesunden Zustand mit

Makel zu identifizieren. Denn: Wer ist schon wirklich gesund? Alle Menschen haben ihre Blessuren und erwarten von der Umwelt, dass sie als gleichwertige Menschen angenommen werden. Man sieht: Behinderung und Nicht-Behinderung sind zwei Seiten der gleichen Medaille, nämlich der Medaille eines wertge-schätzten Menschen.

Inklusion ist in der Gesellschaft noch immer ein Tabu. Niemand hat wirklich große Lust, Menschen mit Behinderungen in den norma-len Alltag gesunder Menschen zu integrieren. Ganz gleich, welche Krankheit oder Beein-trächtigung man hat, am besten schiebt man diese Leute in die entsprechenden Kliniken und Sozialstätten ab, damit man sich mit ihnen nicht beschäftigen muss. Dabei läge gerade in der Auseinandersetzung mit Krank-heit oder Behinderung (Diabetes hat 40% „H"[4] in der Bescheinigung stehen – einen Behin-dertenausweis gibt es aber erst ab 50%) die Chance, sich mit dem Thema Normalität zu beschäftigen. Es sind letztlich die Menschen mit Behinderung, die von der Gesellschaft da-ran gehindert werden, an deren „Normalität" teilzunehmen und die Kranken, die als nicht mehr vollwertige Mitglieder der Gesellschaft abgestempelt werden (nicht umsonst heißt es ja auch Krankenhaus, Krankenkasse oder Krankengymnastik). Normal ist es nämlich in dieser systemkranken Welt, Menschen zu be-hindern, egal ob es sich dabei um sogenannte

---

[4] „H" steht für Hilfebedürftig.

Gesunde, Kranke oder Menschen mit Behinderung handelt. Dier Grundtenor dieser bürgerlichen Gesellschaft ist immer noch davon gekennzeichnet, alternative Lebensentwürfe abzulehnen. Das sieht man vor allem daran, dass Schulen, Kindergärten und Gesundheitsämter den Diabetes nicht als Behinderung akzeptieren; dabei erwarten die Vertreter dieser Institutionen, dass sich die Kinder bitteschön an alle Gepflogenheiten und Verpflichtungen des Alltages halten und an allem mit voller Leistungsfähigkeit teilnehmen.

Also krank sein, sollte man in dieser von Intoleranz geprägten Gesellschaft tunlichst vermeiden, denn dann bist du auf dich alleine gestellt! Am besten man teilt es niemanden mit, dass man Diabetes hat, denn sonst wird man angeschaut, als wäre man ein Aussätziger. Dabei laufen sie doch hier alle krank herum, die Alkoholiker, die Workaholics, die Ideologiebesessenen, die Bürokratiewahnsinnigen, sie phobischen Rechtsverdreher, die verängstigten Pädagogen, die Schwarzmaler der Versicherungsbranche, die gewalttätigen Werbungstreibende, die blinden Richter, oder all die kranken Ärzte, verborten Wissenschaftler und gierigen Geschäftsläute, nur um ein paar systemkranke Irre zu benennen. Aber diabeteskranke Kinder lehnt man in den Institutionen ab und deren Eltern bürdet man alles auf. Wie krank ist unsere Gesellschaft eigentlich wirklich?

Institutionalisiertes Leben

Wir führen allesamt ein Leben in Institutionen. Am Anfang war das Krankenhaus. Als nächstes folgen Kindervorsorgeuntersuchung, der Kindergarten, Kirche, Schule, Vereine und die Ausbildung in einer Firma. Anschließend jahrelange Gefangenschaft in einer oder mehrerer Firmen, Abhängigkeit von der Autoindustrie, Pharmazie und von Banken aber auch von GEZ, Krankenkassen oder Finanzamt. Es folgen Rente und Altenheim. Zuletzt darf man sich nur in einem Friedhof nach Beerdigungsvorgaben betten. Und wer weiß, was am Himmelstor noch so alles folgt…

Unter diesen Bedingungen stellt sich folgende Frage auf: Wie frei ist eigentlich unser Leben? Können wir es tatsächlich so frei gestalten, wie es uns die Konstruktivisten glauben machen wollen? Ist der Selbstorganisationprozess unserer Wirklichkeit per Definition in der Tat ein Produkt unserer Selbstbestimmung? Oder ist die Verwirklichung unserer Wege und Ziele nicht doch von Fremdbestimmung geprägt? Wie ist das so mit der Verplanung unseres Lebens von Geburt an bis zum Tode?

Diese Fragen sind von existenzieller Bedeutung, vor allem dann, wenn es um ganz praktische Erwägungen geht wie zum Beispiel die Frage danach, ob wir unsere Kinder in Kindergärten abgeben oder Zuhause lassen sollen? Oder wenn wir uns die Frage stellen, ob wir unsere Kinder der Kindervorsorgeuntersuchungspflicht oder der Schulpflicht ausliefern und unterwerfen sollen? Ganz zwingend mit diesen theoretischen Erwägungen gehen einher die ernsthaften Auseinandersetzungen mit der Steuerpflicht, Krankenkassenmitgliedschaftsverpflichtung, Rundfunkgebührenpflicht, Arbeitsvertragsverpflichtungen, Abfallbewirtschaftungspflicht, Meldepflicht, Öleinlagerungsgebühren, Passpflicht, Impfpflicht und sonstigen bürokratischen Gesetzen, Verordnungen und Richtlinien, die allesamt bis tief in unser Leben und damit einhergehend in die Steuerung unserer Entscheidungsfreiheit hineinwirken.

Bereits vor der Geburt werden wir schon im Mutterpass registriert und die werdende Mutter unterliegt der sozialen Gesetzgebung. Dann sind wir geboren und werden von der Hebamme von Amts wegen als niederkünftig vermerkt und die Eltern mit der Anzeigepflicht des Neugeborenen beim Amt belegt. Anschließend ist sind die Eltern weiterhin verpflichtet, das Kind dem Kinderarzt regelmäßig vorstellig zu machen, dank Kindervorsorgeuntersuchungsgesetzt. Zuzüglich belegen die Eltern das Kind mit der noch freiwilligen Kindergartenpflicht. Ab 6 Jahre herrscht die Schulpflicht, die bis 18 Jahre gilt. Weiterhin unterliegt der Mensch fortfolgend den Zünften, Kammern und Räten bei der Ausbildung, der Pass-, Wohnsitzmeldepflicht, Krankenkassen-, Steuer- und Vertragspflicht. Im Laufe des Lebens eignet sich dann der freie Mensch noch weitere selbst auferlegte Verpflichtungen wie Ehe oder Lebenspartnerschaften, Kinder, Haustiere, Haus, Auto, Hobby und Kredite an. Am Ende seines Lebens unterliegt der Rentner den Rentnergesetzgebungen sowie, im Falle der Abschiebung in ein Alten- und Pflegeheim, den Heimverträgen und ganz am Ende ist der Sterbende noch verpflichtet, sein Handling für die Eventualitäten nach dem Tode noch zu Lebzeiten bei vollem Bewusstsein per Testament geregelt zu haben, ansonsten wird er verpflichtend in einem anonymen Urnengrab eingeäschert.

Unser Leben in den Industrienationen ist vom Voranfang bis zum Nachende durch und durch institutionalisiert. Da bleibt kein Haaresbreit Freiheit übrig. Lass dir das einmal im Rückblick deines Lebens, in der Gegenwart deines Tuns und für deine künftigen Planungen auf der Zunge zergehen und sag uns, ob du wirklich frei bist und wenn ja, worin. Vielleicht gibt es ja irgendwo einen Notausgang aus der Institutionalisierungszwangsjacke.

Was bleibt? Ein durch und durch institutionalisiertes Leben. Der Mensch ist kaum gezeugt, so wird er erstmals institutionell beim Frauenarzt dokumentiert. Unmittelbar nach der Geburt wird er amtlich in der Meldebehörde erfasst und fortfolgend kinderärztlich begutachtet. Danach wird der Mensch in den Kindergarten gesteckt, anschließend in die

Schule eingepfercht und die Kirche schreibt den Glauben vor. Weiter geht es mit der Ausbildung, um sich fachkompetent in das Arbeitsleben einzuordnen. Zwischenzeitlich ist der Mensch bei der Krankenkasse gesundheitlich und bei den Banken finanziell kontrolliert, er muss Steuern und Sozialabgaben leisten, GEZ bezahlen, Punkte in Flensburg sammeln und sogar die Werbebranche steuert die Bedürfnisse jedes einzelnen Menschen und sogar das Internet weiß, was der einzelne Mensch benötigt. Zum Schluss ist der Mensch nur noch eine leblose Nummer des Friedhofs.

Und wo war da im Leben jemals der freie Wille?

Lass' nicht zu, dass deine Kinder in die Zwangsjacke des Systems gesteckt werden! Befreie sie aus den Klauen der Sklavenhändler!

Störfall Kinder

Sie kennen das bestimmt: Sie stehen an der Kasse im Supermarkt und ihr dreijähriger Sprössling bekommt einen Wut- und Schreianfall, weil der das Auto am Kassenständer nicht bekommt. Sie denken: Oh Gott. Bitte nicht! Nervosität fährt Ihnen in die Glieder und Ihr Kopf beginnt zu glühen. Die Leute blicken Sie und Ihren Sohn an: Die einen fast mitleidig, die anderen eher genervt. Beide Varianten sind Ihnen nicht angenehm. Den Bub stört es nicht, der wiederholt ständig und zum hundertsten Male: Ich will aber das Auto. Die Kassiererin meint es gut und will dem Nerfling ein Lutschbonbon anbieten. Doch der schreit lauthals: Das will ich aber nicht. ICH WILL DAS AUTO! Die Leute stöhnen und Sie zucken nur noch mit den Achseln. Dann fallen ihnen noch die Plastikkarten aus dem Portemonnaie. Sie müssen sich bücken und fluchen innerlich: Auch das noch. Die Leute starren die Szene an und Sie glauben in Anbetracht der peinlichen Situation fest daran, dass diese Menschen nun zu der Ansicht gelangt sind, dass Sie der Erziehung des Jungen offensichtlich nicht gewachsen seien. Dabei ist Ihr Sohn doch sonst immer so pflegeleicht. Warum bekommt er ausgerechnet, und anscheinend Kinder generell, einen Ausraster mitten in der Öffentlichkeit? Sie verlassen den Supermarkt und Ihr Sohn schreit nun noch über den gesamten Parkplatz sein Anliegen heraus. Sie werden beschimpft und gehauen.

Schließlich will er nur ein Auto. Und Sie schwören sich: Ich gehe nie mehr mit diesem unmöglichen Kerl einkaufen – nie mehr!

Woher kommen solche Gedanken? Warum empfinden wir Pein in einer solchen Situation? Warum schütteln alle nur den Kopf über das vermeintlich unmögliche Verhalten unserer Kinder? Warum schämen wir uns für unsere Kinder? Warum geraten wir innerlich in Erklärungsnotstand? Und warum zucken wir vor all den Leuten nur hilflos die Schultern und lächeln dabei gequält, während wir unser Kind innerlich zum Teufel wünschen? Weshalb vermittelt uns die Gesellschaft ständig das Gefühl, dass unsere Kinder ein Störfall sind?

Haben Sie eine Idee, warum das so sein muss? Schreiben Sie Ihre Idee ruhig mal hier nieder:

Erwachsen

Ich lief gerade in die Küche, um mir einen Kaffee zu machen. Da kam meine 10jährige Tochter im Hüpfrennschritt um die Ecke geradezu auf mich zu und sagte wie aus dem Nichts heraus: „Papa, ich hab' dich lieb! Ich frage mich wie das ist, erwachsen zu sein?" Dann hüpfrannte sie wieder davon, ohne die Antwort abzuwarten. Wow! Da stand ich nun mit dieser existenziellen Frage und darf sie mir nun selbst beantworten. Ich bin seit über drei Jahrzehnten Erwachsen und habe ehrlich gesagt noch nie so richtig darüber nachgedacht. Ich blicke meiner Tochter nach, wie sie fröhlich davon hüpft und im Kinderzimmer verschwindet und mit ihren Geschwistern lacht. Plötzlich werde ich in meine Kindheit zurückversetzt und mir wird plötzlich bewusst, dass ich mir diese Frage als Kind ebenfalls gestellt hatte und keine Antwort darauf hatte, weil erstens mir diese Frage von den Erwachsenen keiner beantwortet hatte und ich zweitens mir selbst keinen rechten Reim darauf machen konnte, außer, dass sie ständig über mich bestimmt hatten: Tu' dies, tu' das nicht, lass' das, mach' jenes. Also, was ist denn das nun, Erwachsen-Sein? Das ist nicht ganz so einfach, aber drehen wir einmal den Spieß um und fragen uns, was wir nicht mehr wie die Kinder tun: Ich weiß nur, dass ich nicht mehr durch die Gegend hüpfe, ich schreie nicht mehr lauthals herum, ich stelle keine spontanen Fragen mehr, ich weine nicht mehr wegen jeder Kleinigkeit, lache nicht mehr über alles, ich falle nicht mehr laufend hin und tue mir nicht mehr ständig weh, ich bin selten noch neugierig und bin schon lange nicht mehr zeitlos, ich trödle nicht herum und bleibe nicht mehr bei jeder Kleinigkeit stehen, ich denke nicht naiv und nehme alles nicht mehr so leicht, ich sehne mich nicht mehr danach, endlich groß zu werden und bei der Zahl 20 hörte meine Altersvorstellung auf. Und nachdem ich dann groß geworden bin und mich nun als erwachsen bezeichnen darf, bin ich verantwortungsbewusst und glaube, alles zu kennen und besser zu wissen, ich habe zu allem eine Meinung und rede bei allem mit, ich habe etwas gelernt und weiß was ich will, ich kann tun und lassen was ich will und bin verbindlichkeitsloyal, ich bin angepasst und habe Angst vor Strafen, ich gehe brav arbeiten und habe meine Feindbilder, ich suche nach Auswegen aus der Falle und schreie lautlos nach Freiheit. Nun habe ich selbst Kinder und sehe voller Ohnmacht, wie die Mühlen der gesellschaftlichen Werte ihre zarten Träume vom freien ICH allmählich zermahlen. Nun weiß ich, was erwachsen heißt: Ich muss dafür sorge Tragen, dass meine Kinder auch noch als Erwachsene hüpfrennend ihre Freude zum Ausdruck bringen! Warum auch nicht – das ist allemal besser als lebendig unter dem Schutt fremdbestimmter, verpflichtender und zwanghafter Anforderungen begraben zu sein! Ich stelle stolz fest, dass sich unsere Kinder, bei uns als liberale Eltern, ziemlich frei

entfalten können und wir blicken voller Stolz
darauf, dass jedes einzelne seine Eigenarten
entwickelt, anstatt sich standardgeklont voneinander nicht mehr zu unterscheiden und in
Folge dessen als Erwachsene billige Befehlsempfänger zu sein.

Der Polytoxikomane

Irgendwann lernt jeder Sozialarbeiter einmal Herrn X kennen. Er gehört zur Stammkundschaft jeder sozialen Einrichtung zur Versorgung von Menschen mit besonderen Armutsverhältnissen. Herr X hat einen auffällig schlaksigen Gang, eine ziemlich abgemagerte Figur und trägt ärmliche, zerlumpte und stinkende Kleidung. Seine Wesensart ist beim Erstkontakt sehr aktiv, er wirkt zu diesem Zeitpunkt noch sehr bestimmend und für sich einnehmend. Betritt Herr X die soziale Einrichtung, achtet er die Grenzen der anderen Hilfesuchenden sowie die der Professionellen nicht. Relevant sind für ihn allein diejenigen Dinge, die er für sich beansprucht, und dieses dissoziale Verhalten versucht er in diesem Stadium noch mit rabiatem Auftreten durchzusetzen. Er ist der festen Überzeugung, dass er es nicht verdient habe, Almosen zu erhalten, da er mit der fixen Erinnerung verhaftet ist, es einmal sehr weit im Leben gebracht zu haben. Niemand könne ihm etwas erzählen. Heute bezieht Herr X Sozialhilfe und lebt mit seiner Freundin in einer Zwei-Raum-Wohnung. Von dort aus kommt er dann täglich in die Einrichtung, um zu Essen, sich Geld abzuholen oder um sich einfach nur zu unterhalten. Herr X bewegt sich recht sicher in seiner Clique, er kenn jeden Kumpel hier und weiß um die Hackordnung untereinander. Herr X gehört zu den Desperados unter den Kumpels. Er pflegt keine engeren Bindungen zu den Mitgliedern der Gruppe. Er hält sich die Leute lieber auf Abstand. Das macht ihn bei den anderen eher interessant, so dass er bevorzugt angesprochen wird – so kann er sich die Gesprächspartner und die Inhalte leichter aussuchen ohne selbst pro-aktiv werden zu müssen. Er verpflegt sich regelmäßig aus dem Nahrungsmittelreservoir der Einrichtung. Anfangs ignoriert Herr X die Mitarbeiter soweit es geht. Er vermeidet unnötige Berührungspunkte und spricht bei Bedarf stets zunächst die Hauswirtschaftlerinnen in der Küche oder beim Reinigen des Hauses an. Es dauert in der Regel Monate, bis sich Herr X zu einem einigermaßen freiwillig geführten Gespräch mit einem Sozialarbeiter einlässt, und wenn, dann nur, um seine unmittelbaren Bedarfe abzuchecken. Kommt Herr X einmal aus sich heraus, hat er einmal zu einer professionellen Person Vertrauen gefasst, dann erzählt er und man erfährt unglaubliche Dinge und Momente eines bewegenden Lebenslaufs. Herr X wurde Anfang der sechziger Jahre in Dresden geboren. Die Verhältnisse waren erbärmlich – zu wenig zum Leben, zu viel zum Sterben, wie er sagt. Sein Vater war einst Kraftfahrer und war selten Zuhause. Die Mutter arbeitete als Botenmeisterin bei der Deutschen Post. Er selbst besuchte so etwas wie einen Kindergarten. Das war das reinste Zuchthaus, was man seinen ärgsten Feinden nicht zumuten möchte, schildert er rückblickend mit einem Anflug von Wut in seiner verrauchten Stimme.

Sein Vater war Alkoholiker und Gewalt in der Familie kam täglich vor. Die Eltern trennten sich im Jahre 1974, weil die damalige Jugendhilfe der DDR die Bedingung stellte, dass entweder die Mutter sich von ihrem Mann trenne oder Herr X der staatlichen Fürsorge übergeben werden würde. Der Heranwachsende absolvierte die zehnte Klasse und erlernte in den Jahren 1977 bis 1979 den Beruf des Maurers. Im Jahre 1980 kam der damals Achtzehnjährige wegen Rowdytums, Verherrlichung des Faschismus und wegen Nichtbeachtens staatlicher Symbole mit dem Gesetz in Konflikt. Wegen versuchter Republikflucht wurde er 1984 - 1987 in Bautzen inhaftiert. Nach dem Mauerfall siedelte er in den Westen über.

In der ehemaligen DDR trank Herr X in seinem sozialen Umfeld unter Gleichgesinnten Alkohol. Nach seinen Angaben hat er schon damals die betäubende und entspannende Wirkung des Alkohols geschätzt. Sein damaliger Alkoholmissbrauch wurde in der DDR nicht behandelt, obwohl es schon in dieser Zeit zu häufigen Alkoholexzessen kam. Der Krankheitsbegriff "Sucht" war in der gesellschaftlichen Situation der sozialistischen Republik ein Tabuthema. Als in Bautzen eine Maßnahme zur Wiedereingliederung in die sozialistische Gesellschaftsordnung stattfand, kam Herr X mit Medikamenten und Cannabisextrakten in Kontakt. Er sagte mir, dass er im Westen die Möglichkeit dann gehabt habe, an sogenannte harte Drogen zu

kommen. Nach Steigerung seines Abhängig-
keitspotentials von Drogen wie Heroin sei
dann noch im Jahre 1992 eine HIV Infektion
hinzugekommen. Im Laufe weiterer Gespräche wurde klar, dass der damals Neunund-
zwanzigjährige mit psychiatrischen Kliniken in
Kontakt kam. Er sagte, dass er dort immer
wieder "entgiftet und aufgepäppelt wurde". "In
den acht Jahren in denen ich jetzt hier bin,
hab` ich achtunddreißig Entgiftungen und vier
abgebrochene Therapien hinter mir! Ich kenn`
alles. von Hadamar bis Höchst hab` ich alles
durchgemacht". Auf die Frage hin, warum er
denn immer die Therapien abgebrochen
habe, sagte mir Herr X, das er sich nicht hätte
in die Gemeinschaft einfügen können und
dass da immer so viel "Druck" war.

In der folgenden Zeit ergaben sich mehrfach
erneute Schwierigkeiten, die für mich als Be-
rufsanfänger nicht leicht zu lösen waren. Ich
nehme weiterhin Herrn X als Beispiel, denn
anhand des Weiteren Verlaufes der Gespräche wird klar, welche Gradwanderung die Begriffe "Nähe" und "Distanz" bei mir waren.

Durch die Gespräche, die wir regelmäßig
führten, entstand von meiner Seite eine Beziehung zu Herrn X, die die Gefahr in sich
barg, alles gefühlsmäßig zu verstehen, was er
mir anvertraute. Durch Handlungsweisen, die
ich ihm einräumte, aber keinem anderen
Süchtigen eingeräumt hätte, wurde mir klar,
dass ich ein Problem zwischen "Nähe" und

"Distanz" ein hatte. In unserer einmal im Monat stattfindenden Supervision wurde mir klar, dass ich auf dem Wege war, ein Co-Verhalten gegenüber Herrn X aufzubauen. Durch das dauernde Verständnis gegenüber Herrn X wurde mir bewusst, dass unsere Gespräche ziemlich einseitig, nämlich zugunsten von dem Klienten verliefen. Auch wich ich von dem Konzept der klassischen Suchtberatung im Bereich des Alkoholismus ab. Näher erläutert heißt das, dass ich weniger motivierend bzgl. eines abstinenten Lebens und der darauffolgenden Schritte wirkte. Die weiteren Gespräche verliefen so, dass ich Herrn X soweit unterstützte, wie ich es mit mir vereinbaren konnte. In einer darauffolgenden Unterredung sagte mir unser täglicher Besucher, dass die Gefahr bestünde, dass seine Bewährungsstrafe widerrufen wird. Der Grund sei, dass er keine Stelle habe, wo er "seine Stunden abarbeiten könne". Da ich mit dem zuständigen Sozialarbeiter der Bewährungshilfe in Kontakt stand, teilte ich ihm mit, dass Herr X die Möglichkeit habe, seine gemeinnützigen Tätigkeiten bei uns zu verrichten. Dies tat ich trotz Einwände meiner Kollegen, die damit argumentierten, dass jeglicher Versuch in der Vergangenheit bisher gescheitert sei. Dieser erneute Versuch, Herrn X zu helfen, wurde aus verschiedenen Gründen abgebrochen. Einer davon ist, dass er unpünktlich bzw. überhaupt nicht zur Arbeit erschien. Ich spürte, dass, wenn ich in der Einrichtung war, er sich größte Mühe gab, zu meiner

Zufriedenheit zu arbeiten. War ich aber aus dem einen oder anderen Grund abwesend, so die Aussagen meiner Kollegen, eskalierten die Ereignisse in Form von Alkoholtrinken, Aufhetzen von anderen Besuchern, bis hin zum Diebstahl fremden Eigentums. Ich teilte das Scheitern dieses Arbeitsversuches dem Kollegen der Bewährungshilfe mit, vorher setzte ich Herrn X von meinem Vorhaben in Kenntnis und gab ihm eine Kopie des Briefes. Ich wollte damit eine Botschaft an seine Selbstverantwortung richten.

Die Entscheidung, Herrn X wieder dem Risiko der Inhaftierung auszusetzen, fiel mir nicht leicht. Aber für mich war die Erkenntnis wichtig, dass ich durch mein andauerndes Verständnis für ihn, wiederum sein Verhalten begünstigt hätte. Das wiederum könnte als Möglichkeit zur Folge haben, dass die Suchtkrankheit von Herrn X ins Uferlose hinausgezögert wird. Zwei Wochen später teilte mir Herr X mit, dass er anstelle eines Strafantritts noch einmal im Monat Januar eine Therapie machen werde. Auf meine Frage hin, woher dieser plötzliche Sinneswandel denn käme, sagte er, dass er eine Therapie anstelle einer Inhaftierung vorziehe. Als ich mein Jahrespraktikum beendete, war er bereits einige Tage zur Entgiftung.

Ein Fall für die Maßnahme?

Als Herr Edwin G. sich eines Montagmorgens in der Vermittlungs-Maßnahme von der Agentur für Arbeit bei einem privaten Vermittlungsträger vorstellte, präsentierte sich den Vermittlern folgendes Schicksal:

Edwin G. ist gelernter Automechaniker und hatte nach seiner Ausbildung jahrelang als Geselle in seinem Ausbildungsbetrieb gearbeitet. Herr G. ist 56 Jahre alt, verheiratet und hat zwei jugendliche Kinder. Er ist leicht übergewichtig und trinkt, wie er sagt, ganz gerne mal einen über den Durst. Das kleine Reihenhaus, welches er gemeinsam mit seiner Frau und mit finanzieller Unterstützung seiner Schwiegereltern vor 18 Jahren gebaut hatte ist mittlerweile abgezahlt. Die schwere körperliche Arbeit beim Hausbau sowie innerhalb der Tätigkeit als Automechaniker hatte seinen Kniegelenken sehr geschadet, so dass er kurz nach Fertigstellung des Hauses einen erhöhten Krankenstand wegen der immer häufiger auftretenden Kniebeschwerden aufwies. Als sein Chef ihn auf seine Gesundheitsprobleme ansprach und ihm vorschlug, wegen der körperlichen Belastung bei der Werkstattarbeit, hinüber in die Serviceabteilung/Verkauf zu wechseln, lehnte dies Herr G. mit der Begründung ab, dass er schließlich kein Schlipsträger sei, sondern Mechaniker. Die darauffolgenden zwei Knieoperationen führten jedoch zu keiner Besserung seines Gesundheitszustandes. Die Arbeit in der Werkstatt wurde für Herrn G. zu einem zunehmend schmerzhaften Unterfangen, so dass Herr G. vermehrt zu Schmerztabletten griff, um seine Kniebeschwerden zu betäuben. Da Herr G. über eine niedrige Frustrationsgrenze verfügt, griff er häufiger zur Flasche und begann regelmäßig mit den Kumpanen aus seiner Stammkneipe zu trinken. Hinzu kommt, dass er in diesem Zusammenhang Gefallen am Automatenspielen fand und somit einen ansteigenden Geldverbrauch bis hin zur Aufnahme privater Kredite initiierte. In Folge des sich verschlechternden Gesundheitszustandes seiner Knie, des Alkohol- und Tablettenkonsums, Fettleibigkeit und erhöhten Blutdrucks war Herr G. mit 52 Jahren nicht mehr in der Lage, die Werkstattarbeit zur Zufriedenheit seines Chefs zu leisten. In mehreren Gesprächen versuchte sein Chef ihn auf die Konsequenzen seines Leistungsabfalls hinzuweisen und Lösungen anzubieten. Aber Herr G. beschwichtigte stets, alles im Griff zu haben. Die zunehmend häufig auftretenden Reklamationen von Kunden über die schlechte Qualität der Reparaturen sowie die zunehmende Übellaunigkeit von Herrn G. gegenüber Kunden und Kollegen bewogen den Chef der Firma, Herrn G. wegen Untragbarkeit zu entlassen. Die anschließenden Bemühungen von Herrn G., eine neue Arbeitsstelle in seinem Bereich zu finden, verliefen wegen seines erhöhten Alkoholkonsums nur schleppend und nicht erfolgreich. Immer öfter versank Herr G. in seiner Stammkneipe und verspielte zu Beginn der Arbeitslosigkeit den Leistungsbezug und anschließend die gesamten familiären Ersparnisse wie Bausparvertrag und Kindersparbücher. Die Kombination aus Spielsucht, Alkoholkonsum, Tablettenmissbrauch kosteten den gelernten Automechaniker die Solvenz, seine Gesundheit und die Intaktheit seiner sozialen Beziehungen. Der Modellflugverein des Dorfes hat, wegen häufiger eklatanter Störungen des Vereinsfriedens, Satzungsgemäß ein Vereinsausschlussverfahren gegen Herrn G. eingeleitet und dessen Mitgliedschaft somit beendet. Seine Ehefrau war aufgrund dieser bedrohlichen Entwicklung gezwungen, die Konsequenzen zu ziehen und leitete vor einem Monat den Umzug mit den Kindern in das Haus ihrer Eltern ein, mit der ernsthaften Androhung der Scheidung, wenn Herr G. sein Verhalten nicht nachhaltig zum Positiven verändere.

Die Vermittler der Vermittlungsmaßnahme sehen einen gebrochenen Mann vor sich sitzen von dem die Agentur für Arbeit aufgrund eines amtsärztlichen Attestes, bei dem Herr G. eine vollschichtige Arbeitseignung bescheinigt bekam, verlangt, dass er sich um eine angemessene Arbeitsstelle zu bemühen habe, da ansonsten der Leistungsbezug mit gleichzeitigem Abzug bei den Rentenpunkten und Androhung von Leistungsrückzahlungen gekürzt werde. Herr G. taucht durch den Besuch der

Vermittlungs-Maßnahme von nun an nicht mehr in der Arbeitslosenstatistik auf. Was hat Herr G. für ein Glück in die fürsorglichen Mühlen der Bürokratie gelangt zu sein. Hoch leben die arbeitsmarktregulierenden Vermittlungsmaßnahmen der Bundesagentur für Arbeit: Kundenfreundlich, statistikbereinigend, ignorant.

**Befinden wir uns in einer Bildungsinfla-
tion?**

Bildung ist in aller Munde. Sie ist seit den 70er
Jahren des letzten Jahrhunderts zu einem eigenständigen Wert avanciert. Bildung wird
seit der didaktischen Leitidee des „Lebenslangen Lernens" folgender Nutzen zugeschrieben:

- Bildung erweitere das Wissen.
- Bildung erhöhe die Kompetenzen.
- Bildung erweitere das persönliche und
  berufliche Handlungsspektrum.
- Bildung verhilft zur Beteiligung an gesell-
  schaftlichen Prozessen.
- Bildung ermögliche berufliche Aufstiegs-
  chancen.
- Bildung maximiere Selbstständigkeit und
  persönliche Freiheit.
- Bildung steigere die finanziellen Einnah-
  men.
- Bildung werte das persönliche Ansehen
  auf.

Qua Definition geht es „bei Bildung um die Fähigkeit zur Kommunikation und zum Dialog,
um den Prozess, der einem Individuum zur
Selbstständigkeit und Freiheit verhelfen und
die Möglichkeit zur Teilhabe am Kulturganzen
bringen soll."[5] Eine Vorstellung von Bildung,
die den Menschen mächtig unter Druck setzt,

---

[5]Fischer, E. P. (2001): Die andere Bildung. Ullstein: Berlin

überhaupt in der Gesellschaft existieren zu können. Warum ist das so?

Mittlerweile leben wir in einer Bildungsgesellschaft, in der sich Bildung zu einem inflationären Wert entwickelt hat. Bildung ist zu jeder Zeit an jedem Ort erhältlich und wird hierdurch beliebig. Bildung beginnt für manche Menschen bereits beim Fötus im Mutterleib, in dem man dem Ungeborenen versucht, Sprache, Musik und Gefühle von außen bei zu bringen. Weiterhin hat sich die Bildungsindustrie auf Baby- und Kleinkinderspielzeug eingestellt und suggeriert den Eltern, dass man seinem Kind nicht früh genug das Sprechen, Malen, Singen, Bewegen, Modellieren, Sport usw. beibringen könne, ganz gleich ob das Kind reif dafür ist oder nicht, frühzeitiges Lernen fördere die Entwicklung und somit die Intelligenz. Im Zuge der Bildungsinvasion in alle gesellschaftlichen Bereiche wird sogar der Kindergarten mit seinem Platzangebot ab dem ersten Lebensjahr zu einer Bildungsstätte, in der von Eltern erwartet und von Erzieherinnen pädagogisch umgesetzt wird, die Kinder bestmöglich auf die Schule vor zu bereiten. Beim Startschuss in der Schule legen Eltern einen großen Wert darauf, dass ihre Sprösslinge bereits lesen und rechnen können, obwohl dies erst im Bildungsauftrag der Schule vorgesehen ist, schließlich sollen die Kleinen einmal ganz vorne beim Verteilungskampf um die gesellschaftlichen Ressourcen wie Arbeitsplätze, Kulturaneignung und finanziellen Reichtum mitspielen. Hier helfen dann Bildungseinrichtungen wie Schülernachhilfe, ausbildungsbegleitende Hilfen, Ferienkurse etc. die Pole Position zu sichern. Ganztagsschulen, Vollzeitausbildungen und Vereinsbildung sorgen anschließend dafür, dass die Kinder und Jugendlichen auf einem hohen Bildungsniveau für die Arbeitswelt gerüstet werden, damit sie im Beruf dann der fachlichen Entwicklung via Fortbildung weiterhin in einem Bildungskorsett standardisiert werden. Am Ende werden die Alten dann bildungstechnisch von den Jungen eingeholt und outgesourct, weil man ihnen mangelnde Bildungsflexibilität vorwirft, die von Neurowissenschaftlern aufgrund der Entdeckung der Plastizität des Gehirns, also einer lebenslangen Lernfähigkeit durch neuronale Netzwerkbildung im Gehirn, längst widerlegt wurde.

Die Folge dieses didaktischen Bildungsideals ist ein entfachter Bildungskampf bereits auf Kindesebene bis zum hohen Alter. Es ist der Ellenbogenkampf um die vermeidlich besten Plätze in der Gesellschaft. Dabei hat dieses Bildungsideal im „lebenslangen Bildungsprozess" so lange einen Wert, soweit der Mensch willens ist, sich auch auf eigene Kosten weiter zu bilden. Nutznießer dieses Bildungsideals ist einerseits der Arbeitgeber, der durch die höhere Kompetenz, selbst bei höherer Entlohnung, mehr Wertschöpfung erschließen kann und andererseits die Bildungsindustrie mit ihren Bildungseinrichtungen, Bildungsangeboten und Bildungsmaterialien und den damit verbundenen Mehreinnahmen. Doch stellt sich hierbei die berechtigte Frage, ob bei dem inflationären Bildungsangebot tatsächlich der oben beschriebene Nutzen auch eingelöst werden kann. Man kann auch ketzerisch sagen: Wir bilden uns zu Tode. Und wenn man sich die akademischen Arbeitslosenzahlen anschaut, dann ist etwas dran an der Bildungsinflation, durch die der Nutzen von Bildung hinfällig ist und ins Leere läuft. Was also ist zu tun?

Zugegeben, dieses Bild erscheint auf dem ersten Blick etwas mechanisch und düster. Aber bei genauerer Betrachtung muss man zugeben, dass etwas dran ist, an der These der Bildungsinflation zugunsten der Bildungsindustrie. Um der Bildung wieder einen echten Wert zu geben sei es dringend geraten, die gesetzlichen Klauseln für die berufliche Selbstständigkeit auf allen Ebenen zu lösen, das Qualitätsmanagement zu entschärfen, die finanzielle Steuerknebelung aufzuweichen und die Banken anzuweisen Neugründungen unkonventionell finanziell zu versorgen. Bildung ist das Kompetenzrüstzeug für die Handlungsfähigkeit des Menschen, sowohl für die freiere Gestaltung eines Angestelltenverhältnisses als auch die der Selbstständigkeit. Menschen, die sich freiwillig bilden setzen eine enorme Motivationsenergie zur Schöpfung neuer Ideen für Produktion und Dienstleistung frei. Wenn die eigene Bildung in

kreative Schöpfungshandlung umgewandelt
wird, dann wandelt sich die Inflation der Bildung praktisch in eine neue Wertschöpfung
um.

Der Kinderfeind

Deutschland ist ein kinderfeindliches Land! Das glauben Sie nicht? Brauchen Sie auch nicht - es ist nämlich so. Selbstverständlich gibt es unzählige Initiativen von Seiten der Bundes- bzw. Länder-Ministerien und subsidiären Rechtsgesellschaftsformen im Hinblick auf die Förderung und Freizeitgestaltung von Kindern. Aber genau dies ist ja bereits ein Indiz dafür, dass es offensichtlich Kinderfeindlichkeit in der Gesellschaft gibt, sonst bräuchten wir ja keine institutionell betriebenen Kinderfreundlichkeitsinitiativen. Und letztlich müssen wir uns als Gesellschaft die Frage gefallen lassen, warum wir eine zunehmende Geburtenrückgängigkeit haben? Liegt dies etwa an einer allumfassenden kinderfreundlichen Haltung der Bevölkerung? Wohl kaum, oder? Aber fangen wir doch besser von vorne an, um nach den Gründen für die Kinderfeindlichkeit im Lande zu suchen. Fragen wir uns zunächst einmal folgendes: Ist der Kinderfeind ein Nihilist, oder wozu ist er sonst noch zu gebrauchen? Haben Sie schon einmal darüber nachgedacht welche Einstellung Sie Kindern gegenüber haben? Na ja, wenn Sie ja darüber nachdenken, dann sind Sie wahrscheinlich eher nicht der hässlichen Gattung Kinderfeind zuzurechnen und haben möglicherweise eine besondere Affinität zu Kindern oder sie sind Ihnen einfach nur gleichgültig. Wobei es Leute gibt, die keine Kinder haben und dennoch kinderfreundlich gesinnt sind und im Gegenzug finden wir Eltern, die durchaus kinderfeindliche Tendenzen hegen. Also muss die Frage umformuliert werden: Haben Sie als Kinderfreund jemals die alle Beteiligten außerordentlich peinlichen und für verwirrenden Situationen miterleben müssen, wie es sich anfühlt wenn der Kinderfeind den Zukunftsträgern der Nation seine pechrabenschwarze Einstellung entgegen schleudert? Ach Gott, dann lässt Du uns das Herz bis in die Kniekehlen rutschen anlässlich der Fassungslosigkeit, die sich im ersten Moment der unangenehmen Begegnung mit Kinderfeinden über die zarten Seelen der Kinderfreunde ergießt. Nach dem Überwinden der ersten Schrecksekunden überrollt einem die zweite Fassungslosigkeit, doch diesmal gepaart mit Wut und dem Impuls, die entsetzliche Feindberührung strategisch sinnvoll mit einem Faustschlag ins Gesicht des widerwärtigen Kinderfeindes in einen glorreichen Sieg des Ungeschehenmachens zu verwandeln. Achtung: Der Kinderfeind sitzt überall und ist in allen Gesellschaftskreisen anzutreffen. Dabei gibt es bevorzugte Nischen und Ecken in denen er sich verkriecht, um aus der Deckung heraus alle zu erschrecken auf die er es mit einer ganz besonders explosiven Mischung aus Kinderabneigung und Kinderhass abgesehen hat: So kann man mit sehr hoher Sicherheit davon ausgehen, dass eine der größten Anzahl an Kinderfeinden in den Clubs der Immobilien-Vermieter anzutreffen ist. Man kann sogar bei der Begegnung mit solchen

Ignoranten förmlich spüren, wie entsetzlich provoziert sich Vermieter fühlen müssen, wenn Kinder ihren entwicklungsbedingten Verhaltensweisen entsprechend das Eigentum von vermietenden Kinderfeinden systematisch zerstören. Da ist es ja kein Wunder, wenn man zum Kinderfeind mutiert und auf der Stirn das Kainsmal "Kinderfeind Nr. 1" erleuchtet. Also fühlen sich diese Art von kinderfeindlichen Vermietern einem unstillbaren inneren Drang ausgesetzt, alles was mit Kindern zu tun hat gleichsam mit der Aushebelung von Gesetz und Ordnung zu bekämpfen, auszumerzen, gar zu eliminieren, in der Hoffnung das schöne Haus doch noch irgendwie vor dem drohenden Zusammenbruch bewahren zu können. Oder wir treffen Kinderfeinde in der sozialen Kategorie der organisierten Rentnerschaft an. Oh je, wehe dem, der mit seinen wilden Kindern einem verbitterten Rentner begegnet, die der langweiligsten Sache der Welt – dem Einkaufen – mit ihrem Bewegungs- und Stimmeifer zu Leibe rücken wollen und damit dem eigentlich tauben Verbitterling schmerzhaft in den Ohren liegen und somit seinen erbitterten Widerstand gegen die tobende Spezies zum Erwachen bringt. Dieser arme Tropf will eigentlich nicht einsam sein und tut doch alles menschenunmöglich dazu, diese Einsamkeit soweit es geht zu schüren, in dem er mit geballerter Argumentationsladung, dass früher alles besser war, seine Umgebung traktiert. Wenn Sie dann im Supermarkt einkaufen sollten und dieser

Nihilistengattung des Kinderfeindes begegnen, dann ziehen Sie sich besser warm an und haben vorsorglich bereits im Vorfeld des Einkaufes neben Ihrer Einkaufsliste eine effektive verbale Schlagfertigkeitsliste angefertigt, denn ohne diese werden Sie nur noch psychisch erschlagen und mit den Füßen nach vorne die Einkaufsstätte verlassen. Der tragischste Kinderfeind ist der Unterhalt prellende Zeuger. Er liebt seine Kinder so leidvoll, dass er diese Liebe mit aller Gewalt durch die unterlassene Unterhaltszahlung zu verleugnen, ja, sogar zu zerstören sucht. Dieser Kinderfeind trägt zwei Herzen ach in seiner Brust, wovon die eine Hälfte permanent und systematisch den in den Kindern genetisch eingebetteten Teil der Ex-Partnerin zu bekämpfen versucht. Der Unterhalt einbehaltende Kinderfeind will eigentlich, dass es der Ex schlecht geht, und bohrt damit den Stachel der Vergeltung permanent in die verwundbaren Seelen seines eigenen Nachwuchses. Das eigentlich Tragische daran ist ja nun dasjenige, dass seine Sprösslinge ihn auch noch dafür lieben und unwissend ständig in das offene Messer laufen, ohne erkennen zu können, dass der Herr Papa sie lediglich als emotionaler Schutzschild gegen die treusorgende Mutter benutzt. Hier liegt es augenscheinlich auf der Hand, dass niemand seine Kinder so sehr verabscheut, wie der Unterhalt verweigernde Kindzeuger. Dann sind da ja auch noch in der Ahnenreihe der Kinderfeinde die egozentrierten Karrieristen zu benennen, die Kinder als

Hemmnisse ihrer Lebensplanung mit Blick auf die aufstiegsbezogene berufliche Laufbahn beschimpfen – in welchen Zusammenhängen auch immer sie dies zum Besten geben können, sie ernten in ihren Kreisen standig ovation, und dies nicht nur dort. Dieser zum Aussterben verdonnerte Kinderfeind ist doch tatsächlich der irrigen Auffassung, dass er mit seinen beruflichen Tätigkeiten einzig zur Weiterentwicklung der Gesellschaft und zur Bewahrung dieses Planeten beiträgt. In dieser Gattung des Kinderfeindes vereinen sich alle stereotypen Argumente zur Diffamierung derjenigen Menschen, die tatsächlich qua ihres Daseins zur Reproduktion der Menschheit beitragen: Kinder seien lästig, sie seien laut, hektisch und unerziehbar, heißt es da, Kinder in Form von Babys schreien, kacken und fordern ständig Nahrung und Aufmerksamkeit, hört man hier höhnisch verlauten, Kinder seien quengelig, egoistisch und vor allem teuer, wahnsinnig kostenintensiv, vernimmt man hier aus so manchem kinderfeindlichem Lager, sie machen alles kaputt, sie seien undankbar und frech, sei seien darüber hinaus auch noch dreckig, sie haben kein Benimm und stehlen einem die Zeit. Und ach, erst die Jugendlichen mit ihren pubertären Zicken und eigenen kulturellen Werten, die keiner mehr verstünde und alles unnütz in Frage stellen. Das alles seien doch hinreichende Aspekte, die zu einem rational begründeten Verzicht auf Kinder genügen müssten, um zu erkennen, dass Menschen mit Kindern in der Regel langweilige Gesellen seien, sich nicht mehr an wichtigen beruflichen und gesellschaftlichen Prozessen beteiligen und geistig sowie sozial und emotional verkrüppeln würden. So der karrieristische Kinderfeind – dieser arme Schnösel. Der kinderfeindliche Karrierist ist derjenige, der am Ende seines Lebens ohne Familie dasteht und zwei mögliche Wege einschlägt: Entweder engagiert er sich in einer Art Freiwilligendienst in einem Kindergarten, um seinem vereinsamten Leben wenigstens annähernd noch einen sozial-familiären Ersatzsinn zu geben. Oder aber er wird einsam im Fernsehsessel verschimmelt verenden. Bei all den genannten Kinderfeinden dürfen wir auf keinen Fall diejenigen Eltern vergessen, die der neolithisch anhaftenden Ansicht sind, dass eine bestimmte Härte im Umgang mit Kindern noch niemandem geschadet habe. Diese brutale Sorte des Kinderfeindes ist skrupellos gegenüber seinen Kindern und gibt sich nach außen hin als ach so treusorgendes Elternteil. Hinter verschlossenen Mauern und viel zu oft auch in der Öffentlichkeit neigen diese teuflischen Genossen zu Gewaltexzessen aller Art wie Ohrfeigen, Beleidigungen, Tritte, Prügel, Gleichgültigkeit, Quälereien, Einsperren, Anbrüllen, Einschüchterungen, Missbrauch, Drohungen, Haare ziehen, sexuelle Vergehen, Zwangsarbeit, Verwahrlosung und leere Versprechungen. Diese Sorte des Kinderfeindes ist eine ganz besonders harte Nuss. Wenn man sie auf ihr Verhalten anspricht, fängt mein gleich eine, ganz in der Tradition prügelnder Reaktionäre entweder verbal und meist sogar körperlich. Ach Gott, die armen Kinder. Es gibt wirklich nichts Schlimmeres als zum Beispiel in der Supermarktschlange zu stehen und mit anhören zu müssen, wie sich ein Pärchen, so um die Anfang Zwanzig, über die bewegungseifrigen Kinder in der Warteschlange in einer abfälligen Weise mit den Worten äußern: „Das würden meine nicht mit mir machen. Denen würde ich links und rechts ‚eine Pfeffern‘, dann würden die schon Spuren.“

Armes, armes Deutschland.

Der Kinderfeind schießt scharf und genießt sichtlich das Gefühl, ja er kostet es sogar mit Hochgenuss aus, in Kindern und Kinderfreunden immer das richtige Opfer getroffen zu haben. Über eines ist sich der Kinderfeind zu hundert Prozent sicher: Er trifft immer ins Schwarze. Und das Abscheulichste dabei ist: Kinderfeindlichkeit ist nach diesen Ausführungen kein Schreckgespenst, sondern eine nachvollziehbare Haltung – davon ist zumindest der Kinderfeind selbst überzeugt. Kinderfeindlichkeit ist in unserer Gesellschaft scheinbar immer noch ein Kavaliersdelikt und erfreut sich großer Beliebtheit. Dabei haben sie immer noch nicht begriffen, dass es sich hierbei um ein Kapitalverbrechen an der Menschlichkeit handelt. Leider wird dies immer noch nicht von allen sogenannten kinderschützenden Institutionen hinreichend geahndet. Und warum? Weil Kinder keine Lobby haben. Und solange dies so ist, bleibt die Kinderfeindlichkeit in unserer Gesellschaft salonfähig. Das ist traurig.

Politische Arroganz

Noch während Politiker aller Couleur ihren Amtseid ablegen, rechtfertigen sie innerlich bereits ihre künftigen Fehlleistungen damit, dass man es sowieso nicht allen recht machen könne. Diese Einstellung ist Eidimmanent und birgt einen pseudolegitimierten Freibrief in sich, politische Entscheidungen primär zugunsten eigener Interessen zu treffen und Interessen aus Bürgerbegehr solange nach hocharroganter Art zu ignorieren bzw. zu torpedieren bis man den sogenannten Volksvertretern öffentlich Fehlentscheidungen, Misswirtschaft oder gar Amtsmissbrauch nachweisen kann. Aber bis dahin weiß die politische Kaste sich qua Amtes stets aus allen Vorwürfen elegant und nach dialektischer Manier der Antithese herauszureden, ohne nach demokratischer Vorgangsweise auch nur annähernd nach Synthesen im Sinne konstruktiver Lösungen zugunsten der Einzelinteressen zu suchen. Da wird getrickst, gelogen, Recht gebogen, fabuliert, dementiert und diffamiert, bloß um die eigene Macht ja nicht angreifbar oder entschuldbar machen zu müssen. Politiker, und hier insbesondere die Regionalvertreter in den kommunalen Rathäusern, haben keinen Mut zu Veränderungen von verkrusteten Entscheidungsstrukturen, sondern leben mit der ständigen Angst des Gesichtsverlustes – dem perfekten Nährboden für Arroganz zur Verschanzung hinter realitätsfeindlichen Strukturen von Verordnungen, Anweisungen und Vorschriften. In diesem Sinne dient beispielsweise das Amt eines Bürgermeisters nicht vorzugsweise der politischen Regentschaft zum Wohle des Volkes, sondern wird vielmehr zum Erhalt der eigenen Zunft genutzt. Politiker repräsentieren lieber anstatt zu konsolidieren. Also werden kurzerhand wichtige, existenzielle und förderungsrelevante Anfragen von Bürgern an den Bürgermeister, dem Landrat oder den Landesvertretern mit einem arroganten Handstreich beiseitegeschoben ohne auch nur den Ansatz eines politischen Willens zu zeigen, sich mit den unterschiedlichen und differenzierten alltagsbezogenen Interessen ihrer Bürger auseinander zu setzen. Hierzu ein plastisches Beispiel aus dem Hessischen Biebergemünd: Eine Familie mit Kindern und ohne Zweitwagen benötigt den bestehenden Kindergarten-Bus zum Transport ihrer Kinder zur Kindertagesstätte in den übernächsten Nachbarort. Die Anfrage einer ortsansässigen Familie beim Bürgermeister Manfred W. (CDU), den Bus zum Wohnort der Kinder umzuleiten scheitert an der lapidaren Aussage des Bürgervertreters, das sei logistisch nicht umzusetzen. So hat die Familie also einen Kindergartenanspruch geltend gemacht, der nicht umgesetzt werden kann, weil sich der Bürgermeister der Gemeinde oligarchisch weigert, der Familie den Transport ihrer Kinder mit dem Kindergartenbus zu ermöglichen. Die Familie indes muss täglich aufwendig den Transport der beiden Kinder zum Nachbarort, in dem der Bus verkehrt, sowohl in der Bring- als auch in der Holsituation organisieren. Dem Bürgermeister jedoch ist dies völlig gleichgültig und er zeigt keinerlei Anstalten, sich weiterhin um das Thema aktiv zu kümmern, um die Familie zu fördern. Im Gegenteil, in einem Interview im Gelnhäuser Tageblatt stellt der Volksvertreter den Sachverhalt so dar als stimme das alles gar nicht und er müsse lediglich bei der Busfirma prüfen, ob eine Routenänderung nach Kassel möglich sei. Seltsam ist dabei nur, dass diese Prüfung von der Antragstellung der Familie Anfang August bis zum heutigen Datum ohne Ergebnis andauert. Wenn ein derart einfacher Verwaltungsvorgang in der freien Wirtschaft über acht Wochen in Anspruch nehmen würde, wäre der verantwortliche Entscheidungsträger spätestens in drei Tagen seinen Job los. In diesem Sinne erscheint diese Haltung der Familienblockadepolitik offensichtlich als anrüchig und lässt unweigerlich die Vermutung des Amtsschimmels aufkommen. Die Familie hat den Organisationsstress und der Bürgermeister sitzt tatenlos auf seinem Amtssessel und lässt sich von unser aller erwirtschafteten Steuergelder für seine willentlichen Fehlentscheidungen auch noch hoch bezahlen. Wenn es sich hierbei um postmoderne politische Entscheidungsprozesse handelt, dann können wir noch lange warten, bis sich ein derart neolithisches Gebaren in verantwortliches demokratisches Bewusstsein verwandelt. In der Zwischenzeit müssen Familien mit Kindern ihre gesellschaftlichen Reproduktionsleistungen ohne anerkennende Unterstützung ihrer regionalen Gemeindevertreter wie Fremdkörper des Gemeinwesens organisieren. Das entspricht alles anderem, nur nicht einem familienfreundlichen Demokratieverständnis.

Politische Ignoranz

Es ist doch immer wieder erstaunlich mit anzuschauen, welches überaus peinliche Affentheater deutsche Politiker im Angesicht einer Katastrophe spielen, gar so als wollten diese ein hilfloses Possenspiel der ernsthaft-verzweifelten Lage entgegensetzen. Während sich das Japanische Volk mit den Folgen der bislang größten nationalen Erdbeben- und in Folge davon Tsunami- und Atomkatastrophe mitsamt annähernd 20000 Toten auseinandersetzen muss und mit Angst in den Knochen den Notfall einigermaßen in Würde zu organisieren versucht, flüchten deutsche Politiker in hektische Betriebsamkeit und halten fachlich ungereimte und ideologisch geprägte Lippenbekenntnisse zu den Sicherheitsstandards und Laufzeitverlängerungen deutscher Atomkraftwerke. Als gebe es im Zeichen der Schadensbekämpfung in Japan derzeit nichts Wichtigeres als unsere nationalen Probleme. Anstatt von einer gemeinsamen Weltverantwortung bezüglich möglicher Hilfeleistungen für eine zerstörte Region in einem durch die Katastrophe völlig überforderten Land zu sprechen, bricht in der deutschen Politiklandschaft und quer durch alle gesellschaftlichen Schichten lieber ein Allparteienstreit darüber aus, wer am besten darüber Bescheid wisse wie die Atomkraft in einem bei uns ähnlich gelagerten Fall zu beherrschen sei. In Japan kämpfen am bereits teilhavarierten Atomkraftwerk Fukushima eine Handvoll mutiger

Menschen im atomaren Smog gegen die durch den Ausfall der Kühlsysteme drohende Kernschmelze in allen vier Reaktoren, derweil sind die Menschen vor Ort hoffnungslos überfordert mit den verheerenden Auswirkungen der Naturkatastrophe, mit dem Bergen der Trümmerberge, der unzähligen Leichen und in Deutschland ruft die herrschende politische Kaste nach einer zur Sicherheitsüberprüfung notwendigen temporären Totalabschaltung aller alten Atommeiler während die andere politische Riege Hand in Hand mit den Energiekonzernen bereits verfassungsrechtliche Schritte gegen diese Entscheidung ankündigt. Billiges Politiktheater gegen echtes Mitgefühl – das ist Politikzynismus in Reinkultur. Und im Schatten der Nuklearkatastrophe in Japan werden am Ende dennoch alle politischen Parteien in Deutschland und in Europa im gemeinsamen Schulterschluss mit den Energielobbyisten kapitulieren und weiterhin alle Störfälle in den AKWs versuchen weitgehend zu vertuschen und die Gefahren weiterhin zu beschwichtigen – wie immer entgegen aller Vernunft. Es ist außerordentlich beschämend, solche Politiker als Repräsentanten des Volkes Willen als eigen nennen zu müssen.

Die Japaner haben es gelernt: Der Ignoranz der Macht und ihren gefährlichen Auswirkungen auf das Volk kann man nicht entkommen, denn von diesem Planeten es gibt keinen Notausgang – die Deutschen werden es hoffentlich irgendwann auch noch mal begreifen.

Pubertät – Wenn Eltern zicken

Achtung: Pubertierende Jugendliche zicken – Eltern auch! Diese Phase der menschlichen Entwicklung ist der facettenreichste Erlebniszeitraum des Homo Sapiens. Das spiegelt sich zumindest in einer leicht erhöhten Auseinandersetzungsrate zwischen Eltern und Jugendlichen wider, wovon beide Seiten ein allen wohlbekanntes Lied singen können.

Wenn Eltern die pubertäre Krise ihrer Kinder durchlaufen, dann äußert sich dies meist in einem unverständlichen Kopfschütteln, welches in verblüffender Weise der parkinsonschen Krankheit sehr ähnelt. Denn Eltern kommen aus dem Stauen über ihre eigene Reaktion auf das jugendliche Pubertätsgebaren so schnell nicht mehr heraus. Auf den ersten Blick ist man geneigt anzunehmen, dass Eltern das durch Hormonsteuerung etwas merkwürdig anmutende Verhalten ihrer heranwachsenden Kinder nicht verstehen mögen. Doch falsch geraten: Eltern verstehen es wirklich nicht. Und weil sie es nicht nachvollziehen können wie ihre Kinder von nun an limbisch ticken beginnen sie sinnigerweise ebenso limbisch-regressiv darauf zu reagieren wohlwissend in der Hoffnung, dass sie auch nur annähernd ein Jota Verständnis für Ihre sich entfremdenden Kinder einheimsen können. Von nun an wirken die Aussagen von Eltern mit pubertierenden Kindern etwas befremdlich auf alle Nichtwissenden aus ihrer unmittelbaren Umgebung. Da fallen dann auch schon mal so diffamierende Sätze über die eigene Brut wie: „Kaum sind die Lütten aus den Windeln, da hört auch schon das Hirn auf zu wachsen." Diese zweifelsfrei in sich widersinnig schlüssig wirkende Aussage ist in ihrer Wirksamkeit kaum von der emotional-kognitiven Reife ihres Senders zu unterscheiden. Eltern in der Pubertät ihrer Kinder unterliegen dem reziproken physikalischem Gesetz der Spiegelung: „Wie der Herr so's Gescherr" alias wie der Jugi so die Eltern. Eltern in der reziprok-pubertären Phase können nicht anders als zickig auf ihre Kinder reagieren. Es gibt kein Entrinnen aus den entwicklungspsychologisch vorgegebenen Krisenphasen, außer der Flucht nach vorn, will heißen: Angriff ist die beste Verteidigung.

Schauen wir uns bei dieser Gelegenheit einmal die Merkmale elterlicher Reaktionen auf die pubertäre Phase ihrer Sprösslinge an. Wo liegen hier eigentlich die beliebtesten Knackpunkte?

Punkt 1: Die Liebe Ordnung. Tja, meine Damen und Herren, hier liegt einer der wunden Punkte der lieben Elternschaft. Jugis im pubertären Alter sind ja der Ansicht, dass sich alles um sie dreht. Sie fühlen sich als Mittelpunkt der Erde und alles und jeder muss für ihr Auftreten vollstes Verständnis haben. So auch die Eltern, die dann meist murrend und meckernd den liegengelassenen Wäschestücken, Cola-Flaschen, Essensresten oder sonstigen undefinierbaren Recycle-Objekten wie gekappten Plastikflachen alias Schillums hinterher rennen und entsorgen müssen oder gar widerlich verwahrloste Zimmer am liebsten mit einer Ladung Sprengsatz mal eben ohne großes Aufleben entsorgen möchten. Das alles bringt ältere Generationen schnell aus der Puste, zumal der Blutdruck bei dem angestauten Ärger ebenso zu eklatanten Konditionsleiden führt. An dieser Stelle sei allen leidgeplagten Eltern ratschlagend an Herz gelegt, einfach auch mal die Küche verschimmeln zu lassen und den Einkauf von Nahrung auf den nächsten Monat zu verlegen. Ach so: Vielleicht wäre es bei dieser Gelegenheit angesagt, die nächste Telefonrechnung ob der horrenden Telefonate mit Kumpel-Handys einfach mal nicht zu bezahlen. Das Ganze bringt zwar dann nur so viel, dass sich die Hormonbolzen nur noch wohler in den heimatlichen Gefilden fühlen, weil sie spüren, dass sich ihre Eltern endlich ihren Gepflogenheiten anpassen. Das lieben die Sprösslinge doch so sehr: Chillende Eltern und nicht aufgebrachte und meckernde Monster. Was sind auch schon ein bisschen Schimmel auf dem Boden oder Bremsstreifen in der Hose oder vor Dreck stehende Jeans? Mama wird' s schon richten. Und darauf kommt es an: Mama muss ihren Fahrplan einfach beibehalten und die Eskapaden ihrer Heranwachsenden voller Demut und mit einem Lächeln um die Mundwinkel hinnehmen. Nur dann können

Lotter-Jugis so sichtig gedeihen. Und das ist es doch was wir Eltern immer wollten, oder? Das Beste für unsere Kinder! Also liebe Eltern: Lasst sie verwahrlosen, bekifft herumlungern und dummes Zeugs labern. Es kommt der Tag, an dem werden Sie für ihr Durchhaltevermögen belohnt: Mit Jugis, die nie ausziehen wollen und lechzend darauf warten, von ihnen bekocht zu werden, die Wäsche gewaschen und ihren Unrat entsorgt zu bekommen. Doch bei all dem Unmut, der dabei aufkommen mag, Sie sollten es in der Tat wirklich leichtnehmen: Denn denken Sie immer daran! Sie haben eine sinnvolle Aufgabe, werden nicht aufs Abstellgleis eines Pflegeheims geschoben und wenn Sie Glück haben, dann ist Ihnen diese Sinngebung auch noch über die Rente hinaus gesichert. Sie sehen: Alles ist in bester Ordnung.

Punkt 2: Der liebe Gehorsam. Soweit wir in den Gesprächen mit Eltern vernommen haben, ist dieser Begriff veraltet. Gehorsam gehört ins Reich der Preußen. Doch halt, wir definieren den Gehorsam einfach in Respekt um und meinen doch dasselbe damit. Worte sind dabei wie Schall und Rauch. Jugis hören ab 13 Jahren nicht mehr auf ihre Eltern. Dies ist keine Binsenweisheit, sondern gängige Praxis. Wer sich Teenie nennt hat entsprechend des Wortlautes einen präfixbezogenen Tini-Tus im Ohr und ist nicht mehr Schallempfänglich. Zumindest was die elterlichen Schallwellen anbelangt. Da sind die Sprösslinge besonders empfindlich und die Eltern beginnen ihre Stimmlage phonetisch zu heben was in Folge dessen zu einer höheren Stimmführung führt und die Gefahr eines echten Hörsturzes bei Sender und Empfänger mit sich bringen kann und die angesprochene, oder besser: angeschriene Spezies meist in die Flucht jagen lässt. Hier haben wir es mit dem klassischen Fall eines Meckerfritzen zu tun. Die Obertöne entsprechen dem Gebaren eines Oberlehrers mit erhobenem Zeigefinger. Wer sich das anschaut krümmt sich vor Lachen. Man stelle sich vor, der Schäfer meckert ein Schaf an. Was soll das Schaf anderes machen außer zurück blöken? Es kann ja nicht meckern, da es keine Ziege ist. Und so kommt es, dass die Eltern auf den Ungehorsam ihrer undankbaren Brut beginnen zu zicken. Nun stellen wir uns natürlich die berechtigte Gretchen-Frage: Wie sollen unwissende Pubertätsbolzen adäquates Benehmen erlernen, wenn sie jedoch permanent in einen Spiegel voller Zicken hineinschauen müssen? Die Jugis lachen sich doch weg. Liebe Eltern: Schauen Sie sich an und packen Sie sich bei den Zickenhörnern, nehmen Sie wieder das Heft in die Hand, bestimmen Sie endlich wieder den Kurs und lassen Sie die Brut in Respektlosigkeit baden, in Abfälligkeit versinken und lassen Sie sich beleidigen bis aufs Blut. Das regt bekanntlich den Kreislauf an und stimuliert das eigene Selbstbewusstsein, welches Sie brauchen, um die am jungen Leben und an der zarten Liebe zerbrochenen

Kinderchen wieder aufzurichten, wenn es heißt, ich bin soooo unglücklich und keiner liebt mich. Das ist doch herzzerreißend und weckt Elterngefühle. Vergessen sind Ungehorsam und alle Despektierlichkeit. Lassen Sie Trost walten und freuen Sie sich auf den nächsten Schlag ins Gesicht, wenn es wieder voller Frohsinn aus Jugis Munde verheißt: Mich dich nicht in mein Leben ein! Sehen Sie: Hier werden Sie als Elternteil ganz rasch wieder in den Senkel gestellt und ganz handzahm gehorsam.

Punkt 3: Die lieben Motzbrocken. Durchweg zu 100% Bestätigung würden wir auf die Frage nach der Reaktion von Eltern auf die Alltagsstimmung ihrer heranwachsenden Schützlinge erhalten, nämlich: Motzen, beleidigt sein und herumzicken. Eltern wissen sich offensichtlich nicht anders auf die Eskapaden ihrer pubertierenden Jugendlichen zu helfen als darauf mit emotionalen Überempfindlichkeiten zu reagieren und selbst herumzuzicken. Das fördert das lautstarke Kommunikationsverhalten unter dem Homo Adoleszenten und den Homo Parentikus. Motzen ist die Lieblingsbeschäftigung von Eltern auf das Motzen ihrer Zöglinge. Es entsteht sozusagen ein Motzreigen mit Fremdbeschuldigungen und ohne Selbsterkenntnis, eine Kreisreaktion der Motzzentrifuge. Alles dreht sich nur noch ums Beleidigt sein, ums Meckern und um die Berechtigung wer-ist-der-größte-Motzer. Dabei wäre doch alles ganz einfach:

Stellen wir Eltern und Kinder vor den Spiegel und lassen diese 10 Minuten ihr eigenes Spiegelbild anmotzen. Man kann mit an hundert prozentiger Sicherheit davon ausgehen, dass diese Motzgesichter für alle Zeiten vom Motzen geheilt sind. Unter Garantie, denn Spiegel sind geduldig, Spiegelbilder eher nicht – probieren Sie es ruhig mal aus. Spiegelbilder haben meist heilende Wirkungen – vor allem auf Motzer.

Punkt 4. Die liebe Liebe. Ach du lieber Gott. Die Liebe. Hat die bei Eltern mit Jugendlichen eigentlich irgendetwas zu suchen? Wahrscheinlich nicht, denn wer nichts hat, kann auch nichts verlieren, also gibt es auch nichts zu suchen. Die Liebe ist ausschließlich ein Phänomen, welches sich bei Menschen mit hoher Einfühlungsgabe tummelt. Eltern von Jugendlichen haben keine Einfühlungsgabe und die Jugendlichen erst recht nicht. Also wie können beide Parteien da noch von Liebe sprechen. Ja, klar, alle schreien nach der Liebe, die sie von anderen bekommen wollen, aber selbst etwas dazu beizutragen, um die Liebe in die Welt zu setzen, da will dann plötzlich niemand mehr etwas damit zu tun haben. Sollen doch gefälligst die anderen mich lieben, so steht jeder in seiner Ecke und wartet darauf vom anderen geliebt zu werden. Dabei haben doch gerade Eltern einen erwirtschafteten Anspruch auf die Liebe ihrer Kinder, denn schließlich haben sie die Lütten über ein Jahrzehnt lang erzogen, gesteuert, gehegt und gepflegt, umsorgt und verhätschelt, drangsaliert und verbogen. Jetzt ist es an der Zeit, dass die Eltern zurückbekommen, was sie so liebevoll gegeben haben, ganz nach dem Motto: Wie es in den Wald hinein schallt, schallt es zurück.

Punkt 5: Das liebe Geld. Jugendliche haben Ansprüche. Sie wollen am Reichtum der Erwachsenen teilhaben. Das ging auch jahrelang ganz gut und sie haben als Kinder bekommen was sie wollten. Doch plötzlich wollen die Eltern nicht mehr. Was ist passiert? Bei näherer Betrachtung des Werdegangs der Anspruchsentwicklung wird ganz schnell deutlich, dass die Eltern festgestellt haben auf wie viel Dinge sie all die Jahre verzichten mussten seitdem sie Kinder haben. Und nun entdecken die pubertierenden Bedürftigen all die wirklich nützlichen, schönen und kostspieligen Früchte der Gesellschaft. Dies hat zur Folge, dass die Ansprüche der Jugis mit der Verzichtshaltung der Eltern kollidieren: Warum sollen diese Milchgesichter eigentlich mehr bekommen als ich? Ich kann mir das ja auch nicht leisten. Soll das liebe Früchtchen doch mal selber Geld verdienen, dann wissend die alle ganz schnell wie teuer das Leben so ist. Na, das sind ja rosige Aussichten für die Entwicklung einer erfolgreichen Haltung eines jungen Menschen. Erfolg durch schlechtes Gewissen? Seltsame Taktik der Eltern, die einmal nur das Beste für ihren goldigen Nachwuchs wollten. Das pubertäre

Verhalten der Eltern in Sachen Umgang mit Geld und ihrer Haltung zum Erfolg legen beide den Grundstein für einen erbarmungslosen Verteilungskampf zwischen den Generationen. Daher liebe Eltern, löst euch vom Gedanken der Aufopferung und lebt gemeinsam mit euren Kindern das Mögliche, das Machbare und nicht den Mangel. Seit getrost: Das durch die Junior-Konsumenten freimütig im Umlauf gebrachte Geld bringt Freude in die Beziehung zu ihren Eltern – mit Garantie.

Punkt 6: Die lieben Freunde: Ein Freund, ein guter Freund… Das ist etwas was Eltern in der Regel nicht mehr haben aber unsere Jungmenschen dringend brauchen, damit wenigstens die Eltern wieder eine gedanklich-emotionale Scheinsicherheit darüber erlangen, dass auf ihre Sprösslinge in irgendeiner Art und Weise einigermaßen durch den Freund oder die Clique aufgepasst wird. Das beruhigt vor allem die reife Generation, die vor lauter Altersangst ihre Lieben nicht loslassen wollen oder können. Da mutiert der Busenfreund des eigenen Fleisches und Blutes schon mal zu einem vermeintlichen Sozialregulativ. Dabei macht es gar nichts, wenn mit 14 bis in die tiefsten Nächte im Keller gekifft und gesoffen wird – alles halb so wild solange der Gute Freund dabei ist. Aber wehe es passt den Eltern die Nase des Freundes nicht dann setzt sich eine elterliche Zickenmaschinerie in Gang, die ihresgleichen sucht. Eltern gehen sofort und ohne Vorwarnung zum verbalen Angriff über: Schlechtreden, Miesmachen, Diffamierung aber auch handlungsbezogene Attacken gehören zum Kampfrepertoire wie Taschengeldkürzungen, Besuchsverbot des vermeintlichen Freundes oder gar handgreifliche Rausschmisse gehören hierbei zum elterlichen Zickenalltag. Im Umkehrschluss gehen die gepeinigten Jugis direkt zum strategischen Gegenangriff auf den elterlichen Besuch über, in dem sie sich ungewaschen, überparfümiert und underdressed z. B. in zerlumpten Klamotten den Gästen mit unhöflichen Floskeln und abweisenden Blicken und Gesten präsentieren. Hier tobt von nun an der gnadenlose zickengeprägte Mobbingkrieg unter der Familiendyade Eltern-Jugendliche. In diesem exemplarisch aussichtslosen Fall auf ein friedliches Miteinander hilft nur noch die Verteilung von Bestnoten für den erfolgreichsten Zickenpeter.

Punkt 7: Das liebe Sozialumfeld. Jugendliche in der Pubertät werden sehr stark von ihrer Umwelt geprägt, in der Hauptsache jedoch von ihrem sozialen Umfeld. Hier gibt es Pädagogen, Psychologen, Lehrer, Ausbilder, Sozialarbeiter, Drogenberater, Polizei, Vorgesetzte Aller Art und aus der Sicht des Jungsozialnachwuchses leider auch die Eltern, die allesamt ihren lieben Einfluss auf die Entwicklung des smarten Hormongewächses geltend machen wollen. Gut, die erstgenannten Personengruppen schinden nicht allzu viel

Eindruck auf die Aknebolzen. Wieso auch? Die sind ja allesamt viel zu erwachsen. Die sind ja sogar schon übererwachsen. Aber die Eltern. Das ist die eigentliche Problemgruppe für Jugendliche in der Pubertät. Warum eigentlich? Zur Erklärung dieses Zusammenhangs gilt grundsätzlich folgende fachlich anerkannte und angewandte Faustformel: Pubertierende Jugendliche aus dem Mainstream-Milieu verfügen über keinerlei nennenswerten Sozialkompetenzen. Um dies aufzufangen und den Jugendlichen resozialisierbar, also für die Gesellschaft brauchbar zu machen, gibt es die unzähligen Berufsgruppen, die sich den Hintern für ein Jota gutes Benehmen aufreißen. Aber das innere und nach außen zur Schau gestellte Zickentheater von Jugendlichen ist das alles beherrschende Leitmotiv und Lebensmodell für junge Lebenskünstler ohne Verantwortung – ergo: lassen sie sich von diesen Grauen Pantern schon mal gar nichts sagen. Pubertätspickel sind demnach nicht sozialisierbar! Und hier kommen nun die Eltern ins Spiel: Was die Gesellschaft nicht kann dies sollen dann die Eltern übernehmen: Die Begradigung der Banane bzw. die Quadratur des Kreises. Bringen Sie mal einem Homo Pubertikus Vernunft bei. Das ist etwa mit dem unsinnigen Versuch gleichzusetzen, den Blitz einfangen zu wollen. Die Eltern als unangenehmer Sozialpartner der Hormonhirnis bringen in Richtung Erziehungswirkung rein gar nichts auf die Reihe, außer Ärger. Und das nervt so richtig eingefleischte Extrempubertierende!

Also, wenn das alles so ist wie beschrieben, dann sollten unsere Jugendlichen einmal ernsthaft Überlegungen bezüglich ihres Auftretens anstellen und zwar in der Art, dass sie ihre Haltung ebenso wie ihre Handlungen zugunsten eines angepassten Verhaltens ihrer Eltern ihnen gegenüber überdenken. Denn stressfreie Eltern sind letztlich einfacher zu lenken als gestresste Zickenmonster ohne Plan. Kapiert, geblickt, gecheckt?

Spirituelle Sinnsuche

Von der Kanzel aus predigen sie Moral - in der Praxis verstoßen Sie aus Interessensgründen gegen sie. Die Rede ist von der Amtskirche in Deutschland. Sie fungiert als staatlich verordnete Säkularisierung des Glaubens. Mit Spiritualität im ursprünglichen Sinne Jesus Christi hat dies seit der Einrichtung des Papststuhles im frühen Mittelalter lange schon nichts mehr zu tun. Die Kirche hat sich zu einem zahnlosen Papiertiger mit betriebswirtschaftlich-bürokratischen Strukturen und Verteilungskämpfen innerhalb ihrer hierarchischen Machtstrukturen entwickelt. Jesus Christus ist nur noch die glanzlose Kühlerfigur einer verlogenen und verödeten Verwaltungsfassade. Die Organisation Kirche, ganz gleich welcher Couleur, ist im Grundsatz angelegt als hedonismusfeindlich, spiritualismushemmend, als Emotionskontrollarium, herrschaftlich sowie moralleitend und bietet insgesamt keinen kreativen Freiraum für individuelle oder novellistisch geprägte Glaubensbekenntnisse. Sicherlich ist dem modernen Verwaltungsapparat zugute zu halten, dass er all die Beladenen versorgt, wie Jesus Christus verlangt hat. Der Samariterdienst ist dabei die einzige und größte Errungenschaft der organisierten Kirche. In fast allen anderen strukturellen Bereichen herrscht Unterentwicklung, dabei insbesondere auf den Gebieten Verbreitung des Wort Gottes und Umsetzung dieser Erkenntnisse. Bei der Verbreitung des Wort Gottes herrscht inhaltlich als auch formal Ödheit vor; inhaltlich, weil die Moralinhalte stets mit den Schwächen und der Schuld von Menschen gefüllt sind ohne Lösungen nach dem Empowermentansatz anzubieten und formal, weil die Art der Vermittlung des Gotteswortes monokommunikativ und in seltenen Fällen mit aktiver Gestaltungsbeteiligung der Gläubigen erfolgt. Bei der Umsetzung der biblischen Inhalte ist die Kirche in keiner Weise Vorbild, weil sie einerseits von Liebe, Achtung, Respekt, Toleranz und dergleichen predigt, auf der anderen Seite jedoch selber Menschen nicht so behandeln wie sie von der Kanzel herab predigen, sondern in herrschaftlicher Manier vor allem auf formalstrukturellen Sektoren wie Arbeitsrecht, Genderstreaming, Bürokratie, Verordnungen und so weiter zum einen ihre ganz eigenen Vorstellungen leben und zum anderen Menschen in ihrem Denken und Handeln ganz nach ihren Interessen zu steuern versuchen.

Kein Wunder also, dass der Amtskirche immer mehr Menschen den Rücken kehren und ihre religiösen Erfahrungsorte in Organisationen suchen, die Glauben und Spiritualität, Sinnsuche und Lebenspragmatismus durch eklektische Glaubensansätze lebhaft, menschennah und ehrlich vermitteln. Gefragt sind religiöse Ansätze sowie Organisationen, die sich gemeinsam mit dem Individuum auf die Suche nach konstruktiv-schöpferischer Gotteserfahrungen im Sinne von positiver, stärkenorientierter und kompetenzbildender Selbstgestaltung in kontextuellen Lebenszusammenhängen machen. Die Menschen wollen keine allgemeingültigen Lebensformeln von der Kanzel herab gepredigt bekommen, sondern sie erwarten in kommunikativen Settings mit natürlichen Autoritäten kreative Antworten auf ihre individuellen spirituellen Erfahrungen und Erlebnisse innerhalb ihres Alltaglebens. Die Menschen suchen Gott in allen Dingen und versuchen herauszubekommen welchen Stellenwert sie selbst im Zusammenspiel des göttlichen Plans namens Evolution einnehmen. Buddha, Krishna, Jesus, Mohamed oder Moses sowie andere Religionsstifter und säkulare ideologisch-charismatische Führer sind dabei lediglich Wegweiser auf der Suche nach einer persönlichen Sinnfindung für das einzigartige Leben auf diesem Planeten. Das Individuum sucht nach Entfaltung seiner ureigenen inneren Antriebskräfte und die Kirche hat in dieser Hinsicht nichts anderes zu tun, als mit allen Kräften diese Suche mit ihren veralteten Moralvorstellungen und bürokratischen Verordnungen systematisch zu blockieren, anstatt in ihren Gotteshäusern die Menschen barrierefrei spirituellen Glauben praktizieren zu lassen. Wer will sich beispielsweise in einer langweiligen Predigt über das Ewige Leben im Himmel via Auferstehung daran erwärmen, dass man gewiss sein könne ins Reich Gottes aufgenommen zu werden, wenn man Gott immer nur durch besondere Personen wirken sieht und nicht erzählt bekommt, dass das Göttliche auch durch mich als Individuum wirkt und vor allen auf welche Art und Weise es das tut? Was hat das Göttliche Prinzip mit mir als Person mit meinen Alltagsfragen zu tun, ist hier die zentrale Frage und nicht die Aufforderung ein gottgefälliges Leben zu führen, um ins Himmelreich zu gelangen. Die Kirchen vertrösten stets auf das Leben nach dem Leben anstatt bereits in diesem Dasein dafür Sorge zu tragen, dass man jetzt schon das Leben „im Himmelreich" führen kann, weil das Göttliche alle Potenziale des Universums stets in Fülle bereitstellt. Auf die Freiheit des Lebens und des Glaubens übertragen bedeutet dies, dass die Kirchen ihre Monopolstellung auf die Wahrheit aufgeben muss und die Entscheidung darüber was wahr ist dem Individuum mit seiner kompetenten Urteilskraft selbst überlassen muss. In postmodernen Zeiten des Konstruktivismus ist es alles andere als zeitgemäß, wenn eine Institution einem Individuum vorschreibt woran und auf welche Art und Weise es glauben soll. Gott ist keine Erfindung der Kirche. Das Göttliche ist ein geistiges Prinzip, ein Produkt unserer kognitiven, emotionalen und moralischen Wahrnehmung, ein freiheitliches Erfahrungsgut und kein Patent irgendeiner Organisation mit dem Alleingestaltungsrecht über das religiös-spirituelle Potenzial eines Individuums. Diejenige Glaubensorganisation, die in der Lage ist diese konstruktive Strömung aufzugreifen und weiter zu entwickeln, jener kehren auch die Gläubigen nicht den Rücken zu.

Arbeit und Wert

Die Deutschen sind ja hinlänglich als fleißiges Volk bekannt. Daran hat sich auch bis heute nichts geändert, außer, dass der Wert der Arbeit zu einem Kulturgut ultima ratio avanciert ist, der moralisch nicht mehr zu toppen scheint – koste es was es wolle. Doch es besteht Hoffnung: Denn jeder ideologisierte Wert wird früher oder später durch Antiwerte ersetzt.

Die Industriestaaten, allen voran Deutschland, haben einen neuen Gott geschaffen: Sein Name ist „Arbeit". Mittlerweile geht es bei der Arbeit schon gar nicht mehr primär ums Geld, zumindest nicht beim Entlohnen, denn es bestehen Tendenzen, dass Arbeitnehmer ihren Lohn bereits von Zuhause in Form von Lohnverzicht und Dumpinglohn mitbringen müssen, um überhaupt arbeiten zu dürfen. Arbeit hat Geld als höchsten Wert längst überholt. Das Geld hat lediglich noch einen begleitenden und angenehmen Nebeneffekt für diejenigen, die es eh schon haben. Der Begriff der Arbeit ist zum Synonym für Wertigkeit an und für sich geworden. Nur wer Arbeit hat, trägt einen Wert in sich. Wer keine Arbeit hat, ist auch nichts wert. Wobei die Inflation der Arbeitslosigkeit mittlerweile dazu beigetragen hat, dass derjenige, der keine Arbeit hat, an einer subjektiv nicht verwertbaren Wertsteigerung leidet, da er durch seine minderwertige Daseinsform der Arbeitslosigkeit als potenzieller Mehrwertbeschaffer mit Nullkostenfaktor für Firmen fungiert. Wer heutzutage Arbeitnehmer einstellt, der bekommt sogar noch Förderungen von Bund, Ländern und der EU hinterhergeworfen, ja geradezu aufgedrängt. Und umgekehrt mutet es geradezu an, dass derjenige, der Arbeit hat, vom Arbeitgeber fast schon wie ein Aussätziger behandelt wird, weil er in dessen Augen vermeintlich mehr Kosten erzeugt als Gewinn erwirtschaftet. Das System „Arbeit“ hat somit die Wertigkeiten auf den Kopf gestellt und in diesem Sinne Arbeit selbst als Wert deklariert.

Gut, das mag nun an dieser Stelle erläutert werden müssen. Was ist eigentlich ein Wert? Den Wert an sich gibt es ja eigentlich gar nicht. Man kann ihn nicht anfassen, man kann ihn nicht kaufen, man kann ihn nicht herstellen. Und doch kann man über ihn streiten, man kann ihn herabsetzen oder überhöhen. Der Wert ist also in erster Linie kein materielles, sondern ein ideelles Phänomen, also primär eine Angelegenheit der Einstellung. Je nachdem welche Einstellung ein Mensch oder eine Organisation gegenüber einem materiellen Ding oder einer immateriellen Angelegenheit hat, wird diesem oder jenem ein bestimmtes Interesse zugeschrieben. Hat die Mehrzahl die gleiche Haltung bzw. Einstellung gegenüber diesen zu bewertenden Gegenständen, dann ist das Interesse daran besonders hoch – der Wert steigt also. Nimmt niemand

von etwas Notiz, dann hat es nur einen gerin-
gen oder gar keinen Wert.

Um nun Arbeit einen Wert zuschreiben zu
können, muss ein Interesse an Arbeit geweckt
werden. Das Interesse an Arbeit wird geweckt, in dem man den Menschen suggeriert,
dass Arbeit der Garant für Persönlichkeitsentwicklung, Ansehen und Macht ist – Attribute
des Status. Andererseits führt die künstliche
Verknappung von Arbeit zu einem Konkur-
renzkampf unter den Menschen, den nur derjenige gewinnt, der der sich als günstigste Arbeitskraft verkauft – Attribute der Unterdrückung. Die Arbeitswelt schafft somit eine Kne-
belsituation für Arbeitnehmer: Billiges Geld für
befristetes Prestige – denn nur wer sich unter
finanziellen Wert verkauft bekommt den
Scheinwert Arbeit zurück. Das ist so nicht zu
gebrauchen, weil nicht wirklich Werte geschaffen, sondern Menschen geblendet und
missbraucht werden. Arbeit kann nur einen
Wert in sich tragen, wenn die Wertschaffen-
den per Vertrauen in ihre Arbeit am real erschaffenen Gewinn und am Prozess der Ar-
beitsorganisation beteiligt werden. Dann hat
auch wieder der Mensch an und für sich einen
Wert, weil er sich ohne Angst, ohne Furcht,
ohne Ellenbogenmentalität für seinen Schaf-
fensprozess engagieren kann und niemand
bestimmt in Gutsherrenart über den anderen.
Ist das nur ein sozialistischer Traum? Und
wenn schon? Was ist gegen ein kooperatives
Denken und Handeln unter den Menschen

einzuwenden? Nichts, da die bestehenden Herrschaftsverhältnisse bislang nur Kriege, Blut und Leid generiert haben und selbst nicht willens sind, diesen Zustand im Zuge des Konstruktivismus zu korrigieren. Arbeit darf einfach nicht mehr fremdbestimmt sein, sondern sie muss selbstbestimmt sein und gesetzlich in konstruktiv-kooperative Form gegossen werden, damit der Wert der Arbeit von allen Menschen als gleich empfunden wird: Nämlich als wertvoll, weil menschlich im Sinne von Selbstverwirklichung. Hierin liegt nämlich der eigentliche Wert der Arbeit: In der bewussten Selbstbestimmung des Individuums!

Bankenterror

Eine Heuschreckenplage geht um in Europa und stürzt den gesamten Planeten systematisch in den Ruin: Die Banken. Niemand vermag den Raubbeutezug dieser menschenfeindlichen Organisationen zu stoppen. Es mutet fast an, dass dieser Prozess von Politik und Wirtschaft bewusst gesteuert wird, um die globalen Ressourcen für die reichen Länder für ein paar wenige Superreiche Raubtiere zu sichern. In der Regel erzeugt ein solch terroristisches Verhalten gegen die eigene Rasse unwillkürlich Gegenterror. Steht der Menschheit eine neue Kriegsform ins Haus: Der Finanzkrieg? Wie das funktioniert wollen wir an dieser Stelle einmal aus der Nähe betrachten.

Der Bankenterror im Stile homo homini lupus nimmt für die Bürger der mittleren und unteren Klassen sowie für ganze Staaten stetig zu seit der von Karl Marx im vorletzten Jahrhundert in seinem verfassten gesellschaftskritischen Manifest „Das Kapital" angekündigten Diktatur des Kapitals. Die Menschheit ist mittlerweile bei dieser von Marx prophezeiten Diktatur der Finanzmärkte angekommen. Der König hat von nun an einen neuen Namen erhalten: Bank. Das Blatt der Sichtweise im kaufmännischen Prozess hat sich radikal ins Gegenteil verkehrt, denn von nun an gilt: Nicht der Kunde ist König, sondern das Kreditinstitut. Die Menschheit kriecht somit einem neuen Machthaber zu Kreuz: Dem

Finanzmarkt. Die Finanzwelt kontrolliert und steuert vom Bürger unkontrolliert den Geldfluss sowie den Geldwert und hat sogar noch die Stirn, bei Verlusten den Steuerzahler haften zu lassen. Und das alles mit Genehmigung der Politik. Hier handelt es sich um staatlich subventionierten Finanzterrorismus wie er in der Menschheitsgeschichte seines Gleichen sucht. Das Auftreten erfolgt immer im gleichen Gewandt: Während Könige und Diktatoren in ihrer Hybris die Menschen willkürlich auf allen Ebenen unterdrückten und ausbluten ließen, steht der moderne Raubzug der Banken mit seinen Eigengesetzlichkeiten und Ausbeutungsallüren gegenüber seinen Kunden den anderen staatlich-funktionalen Rattenfängern und Schlachtern in nichts nach. Im Gegenteil, die Banken als Privatinstitutionen haben sogar den völkerrechtlichen Vorteil, dass Sie sich gegenüber niemandem rechtfertigen müssen, nicht vor der Uno, nicht vor Menschenrechtsgremien oder vor Regierungen, außer vor ihren gierigen Aufsichtsräten. Sie verstecken sich hinter ihrer privatrechtlichen Organisationsform und handeln dennoch auf wirtschaftlich-politischem Terrain, ohne dafür ein Mandat zu haben und daher ohne geregelte Kontrolle. Die Banken fallen in neoliberalistischer Unart über alles her was ihnen maximalen Gewinn bringt: Sie fallen übereinander her, über Industrie, Produktion, Ländereien und Immobilien, über Energieressourcen, über Politiker, über Staaten und am liebsten immer noch über

Privatpersonen, die sie allesamt systematisch in die Insolvenz treiben, um aus dem vermeintlichen Verlust wieder via Versicherungsbetrug und illegaler Subventionierung einen obendrein steuervergünstigten Gewinn einzustreichen. Banken haben sich auf diesem Planeten dank Merkantilismus einen Status als Perpetuum-Mobile wirtschaftlich und politisch ergaunert. Sie sind der Staat im Staat, der Wolf im Schafspelz bzw. die Made im Speck. Dass Banken einen Sonderstatus im Lande genießen lässt sich aktuell wieder sehr schön am Beispiel der Transaktionssteuer veranschaulichen: Politiker aller Couleur tun sich, wie bei allen Angelegenheiten, die mit Bankkontrollen zu tun haben, sehr schwer damit, das Gesetzt zu Kontrolle aller Transaktionen der Kreditinstitute umzusetzen. Niemand aus den Reihen der selbsternannten Königsgetreuen traut sich an die Beschränkung der Bankenmacht heran. Es herrscht hier allemal die Furcht vor dem Einfrieren von Konten vor, analog dem Liebesentzug durch die Mutter. Die vermeintlich Mächtigen Volksvertreter haben Angst vor Papa, der hart bestraft, wenn sie nicht tun was man ihnen sagt. In der Zwischenzeit foltern die Kreditinstitute munter weiter das arbeitende Volk, welches ihnen auch noch per Kreditzinsen das Leben versüßt, während die Banken sich aus dieser Rendite heraus ihre eigenen Machtinstrumente erschaffen und verfeinern, damit niemand mehr auf die Idee kommen kann, auch nur einen Gedanken daran zu verschwenden, die verbrecherischen Machenschaft der Finanzwelt anprangern oder gar beseitigen zu können. Es ist wie immer: Die Sau rennt auch noch mit wehenden Fahnen zum Schlachter und merkt es noch nicht einmal. Die paar hoffnungsvollen Idealisten, die versuchen aus diesem in die Zerstörung der menschlichen Existenz steuernden Sackgassen-Tross auszubrechen, werden rasch vom Privatschutz namens Polizei weggesperrt und mundtot gemacht wie aktuell die globale Occupy-Bewegung. Dabei ist das Prinzip der Unterdrückung durch Banken recht simpel: Es basiert auf Schuld. Früher waren die Kirchen Großmogule der Schuld, heute sind es die Banken. Während der Klerus seine Schäfchen dadurch in Abhängigkeit hielt, indem er sie bei Abtrünnigkeit mit Inquisition quälte, bedienen sich die Banken eines ähnlichen Druckmittels, nämlich dem der Kontosperrung und Kreditunwürdigkeit bei Unregelmäßigkeiten im Fiskalverhalten. Weshalb jemand ins finanzielle Hintertreffen gerät spielt dabei für die Gierhalsinstitutionen keine Rolle. Die Mittellosen werden in Schulden gehalten, damit sie nicht auf die Idee kommen, selbständig zu denken oder gar an den gesellschaftlichen Errungenschaften des Reichtums teilhaben zu wollen. Die Massen werden durch Geldflusszurückhaltung und der dadurch erzeugten Inflation und Rezession schön in ab-zahlender Abhängigkeit gehalten, damit die Banken ihre Lizenz zum Abzocken der Schwachen und Minderheiten legitimieren können. Das erzeugt Rufe nach Gerechtigkeit bei der aufgeklärten Klientel der Bürger. Die Menschen und die Staaten sind es leid, von den Banken in künstlicher Armut gehalten zu werden. An dieser Stelle macht sich Frustration, Unmut und auch Gewaltbereitschaft gegen die Unterdrücker breit. RAF, Al-Kaida, Separatisten aller Art, Protestbewegungen und institutionsgetreue Organisationen schlagen mit ihrer Forderung nach der Beendigung des Raubbaus der Erde und der Unterdrückung der Lebewesen durch das Kapital in die gleiche Bresche: Schluss mit den einseitigen Machtverhältnissen einiger Weniger ohne Mitbestimmung und Kontrolle durch die Massen. Es sind letztlich die Finanzkriege zwischen den Ländern, die das Problem auf die Tagesordnung hieven werden. Das alte Thema: Arm gegen Reich ist das neuerdings durch Banken generierte Konfliktpotenzial der Menschheit. Zunehmende Harz4-Empfänger und globale Flüchtlinge verschärfen den Verteilungskampf sowohl im Globalen als auch in den gesellschaftlichen Sektoren, den die Banken mit ihrer Heuschreckenmanier beim Abgrasen der letzten Ressourcen künstlich und gewollt erzeugen. Doch ganz gleich welchen Namen die Machthaber auch tragen, die Menschheitsgeschichte zeigt es uns auf, wie einen roten Faden deutlich auf: Unterdrücker und Ausbeuter aller Art halten sich stets nur eine begrenzte Zeit an der Macht. Die Massen der Menschen, die das Alltagsgeschehen Tag für Tag im Schweiße ihres Angesichts gestalten schauen sich das eine Weile an und reißen dann mit der geballten Energie und Wucht einer Abrisskugel das Gebäude der Verlogenheit und Widerlichkeit namens Banken ein. Vielleicht wird dies der letzte Kampf der Menschheit gegen ihre eigenen Unterdücker sein: Der Kampf gegen das Großkapital mit der Entstehung einer spirituell-universellen Anarchie im Sinne Hegels.

Bürokratieirrssinn

Bürokratischer Irrsinn ist scheinbar der Deutschen liebstes Kind, zumindest auf der beruflichen Ebene. Wenn in Deutschland jemand irgendetwas will oder irgendeine Neuerung hat, kann er sich sicher sein, dass es hierfür in irgendeiner Form einen Erlass, eine Bestimmung, eine Vorschrift oder sogar ein Gesetz gibt. Es werden in den Bürokratiestuben mehr Menschen dafür bezahlt die irrsinnigsten Verordnungen zu allen Bereichen des Lebens auf diesem Planeten zu erstellen, zu überprüfen, durchzuführen und zu sanktionieren als in irgendeiner anderen beruflichen Branche. Dabei kommen die lustigsten Stilblüten zustande, die sich ein gesunder Menschenverstand nicht auszudenken vermag. Da sollen beispielsweise in Deutschland sozial benachteiligte junge Menschen in einer von der Bundesagentur für Arbeit geförderten außerberuflichen Maßnahme eine berufliche Ausbildung erhalten, damit sie künftig einmal an den gesellschaftlichen Errungenschaften partizipieren und ein Leben in Selbständigkeit zum Wohlgefallen der gesellschaftlichen Entwicklung führen können. Das ist soweit im Grunde genommen auch eine recht gute Idee. Doch weit gefehlt ob derart hehrer Ziele, denn es ziehen mal wie immer nicht alle bürokratischen Organisationen an einem gemeinsamen Strang zur Zielerreichung der Eliminierung von Jugendarbeitslosigkeit. So erschwert sich die Durchführung der Ausbildung schon allein an der bürokratischen Willkür der für die Ausbildung zuständigen Kammern, die ja eigentlich dafür da sein sollten Ausbildungsprozesse zu fördern anstatt zu blockieren. Doch so manche Damen und Herren in den Führungsebenen der Kammern machen es sich zum eigenwilligen Volkssport mit anderen Kammern nicht kooperieren zu wollen, bloß weil sie sich aus unerfindlichen Gründen gegenseitig nicht leiden können. Wenn dann der überbetriebliche Ausbildungsbetrieb in dem einen, und der Kooperationsbetrieb in einem anderen Kammerbezirk liegt, dann stellen sich die Kammern in den Weg und beginnen so den Blockadespaß an der reibungslosen Durchführung der Ausbildung. Das frohsinnige Nachsehen hat dann der Lehrling. Der ist dann um eine Erfahrung reicher: Denn der junge Mensch lernt schon einmal Wichtiges für das Leben: Wenn ein lebensfremdes Bürokratenhirn hinter seinem isolierten Bürotisch nicht will, dass in der Welt da draußen etwas sinnvolles umgesetzt werden soll, dann kann man noch so gute Argumente vorbringen, das Bürokratenwesen verschanzt sich hinter seinen Anordnungen und weicht keinen Jota davon ab, solange es keine anderslautenden schriftlichen Anweisungen von seinem Vorgesetzten und von dessen Vorgesetzten, von dessen Vorgesetzten, dessen Vorgesetzten und so weiter gibt. Der Bürokrat ist eben doch ein sadistisch geprägtes Spielkind, weil er grundsätzlich sinnentfremdeten Spaß an der Blindheit für das Leben außerhalb seines

Schreibtisches hat, da helfen weder Brille noch Tabletten, sondern nur noch Befreiung vom Bürokratenjoch, Abschaffen und Kosten sparen!

Umgebungsvariablen des Konstruktivismus

Entgegen aller Unkenrufe, die da ganz im konstruktivistischen Sinne permanent danach rufen, dass jeder Mensch seines eigenen Lebens Schmied ist, gibt es noch ein paar zaghafte Stimmen, die sich zu Wort melden und darauf aufmerksam machen, dass es neben der eigenen Schicksalshaftigkeit auch noch bestimmte Umgebungsvariablen im Leben eines Menschen gibt, die durchaus auch erheblichen bis abhängigen Einfluss auf die Gestaltung der individuellen Wirklichkeit nehmen: Nämlich die der Realität.

Die Endlosdiskussion um das Wechselwirkungsprinzip zwischen Geist und Materie, ob nun die Materie vor dem Geist existent sei (das Sein bestimmt das Bewusstsein) oder der Geist die Materie forme (cogito ergo deus), ist obsolet ob der Tatsache, dass Menschen nun einmal innerhalb ihrer Realität ihre Wirklichkeit konstituieren und ihre Existenz bestreiten müssen, ob sie nun wollen oder nicht. Selbstverständlich konstruieren Individuen dabei ihre Einstellung gegenüber der Realität und richten ihr Leben entsprechend mehr oder weniger bewusst oder unbewusst ein. Es kann aber dabei nicht außer Acht gelassen werden, dass die Einflussfaktoren aus der Umwelt den berufstätigen Alltagsmenschen in eine reaktive Haltung zwängen, und nicht, wie einige wenige eingeborene

Privilegierte uns glauben machen wollen, in eine ausschließlich aktive Rolle. Warum ist das so? Wenn der Mensch geboren wird, dann ist er ein Nesthocker und – daran wird niemand ernsthaft zweifeln – zu 100% von seiner Umwelt abhängig. Bereits vor dem Zeitpunkt seiner Zeugung an bis zu seinem Tode ist der Mensch von seiner materiellen Umgebung abhängig. Schauen wir uns demnach einmal genauer an, nach welchen vorgegebenen materiellen Realitäten der Mensch die Konstruktion seiner Wirklichkeit interaktiv ausgestalten muss:

- Ämter
- Anforderungen
- Angebot und Nachfrage
- Arbeit
- Bedarfe
- Bedürfnisse
- Bekannte
- Bildung
- Bildung
- Eltern
- Energiekosten
- Ernährung
- Ethik
- Etikette
- Familie
- Freizeit
- Fremde
- Freunde
- Gebühren

- Gefühle
- Gesetze
- Gesundheit
- Gewissen
- Glauben
- Hobby
- Ideologien
- Informationen
- Institutionen
- Interessen
- Kinder
- Kleidung
- Klima
- Konsumverhalten
- Krankheit
- Kunst
- Medien
- Meinungen
- Mobilität
- Mode
- Moral
- Musik
- Nachbarschaft
- Natur
- Netzwerke
- Öffnungszeiten
- Ökologie
- Ökonomie
- Partner
- Peer Group
- Politik
- Politische Verhältnisse

- Schicksal
- Sexualität
- Tagesgeschehen
- Tiere
- Urlaub
- Verhaltensnormen
- Verkehrsteilnehmer
- Verordnungen
- Werbung
- Wetter
- Wissenschaften
- Wohnen
- Zeitgeist

All diese Umgebungsvariablen sind maßgeblich für die Inter- und Transaktionen des Menschen mit sich und seiner Umwelt verantwortlich. Hieraus kann sich das Individuum nicht wegstehlen und sich nicht seiner kommunikativen Verantwortung entziehen. Das Sozialwesen Mensch steht in Dauerkontakt mit den unterschiedlichen Realitätsposten innerhalb seines Netzes aus differenzierten Anforderungen. Damit ist einer Entwicklung Rechnung getragen, die eine Vernetzung aller individueller Lebensbereiche mit der Außenwelt vollzieht. So ist es beispielsweise nicht mehr möglich, Vorgänge und Prozesse zu individualisieren, sondern sie werden hierdurch generalisiert und standardisiert. Beispielsweise müssen alle Eltern gleichermaßen zur obligatorischen Kindervorsorgeuntersuchung, obwohl das Grundgesetz sicherstellt, dass die Pflege und Erziehung der Kinder das natürliche Recht der Eltern und die zuvörderst ihnen obliegende Pflicht ist. An diesem Beispiel ist eine Anforderungsvernetzung erkennbar zwischen Grundgesetz, Kindervorsorgeuntersuchungsgesetz, verwaltende Institutionen, Kinderärzten, Krankenkassen, Jugendämtern und ggf. Justizanstalten. Zur Verdeutlichung dieses Zusammenhangs sei erwähnt, dass die generalisierte Behandlung aller Eltern aufgrund einer Minderheit kindesmisshandelnder Eltern zustande gekommen ist. Der Gesetzgeber nimmt zur Wahrung seiner Wahlinteressen billigend die Einschränkung der individualisierten Entscheidungsgewalt von Eltern zugunsten einer irrationalen Gesetzgebung zur Generalverzwanglichung vor allem von unbescholtenen Eltern in Kauf. In diesem Sinne müssen Individuen in ihrem permanenten Kommunikationsnetz Entscheidungen treffen, Rechenschaften ablegen und sich über die neusten Entwicklungen auf dem Anforderungsmarkt informieren, um nicht den Anschluss zu verlieren. Und dieser Interaktionsprozesses ist mit Permanentkosten verbunden, die es gilt aufzubringen, um die Anforderungen zur Zufriedenheit des Anforderungsauftraggebers zu erledigen, damit man am Ende nicht mit Recht und Gesetz in Konflikt kommt.

Bei dieser Gelegenheit schauen wir uns auch einmal an, mit welchen lebenserhaltenden Faktoren sich der Einzelmensch zur

Aufrechterhaltung seiner gesellschaftlichen Funktion Monat für Monat auseinander zu setzen hat:

- Arbeitslosenversicherung
- Abgabekosten
- Abwasserkosten
- Anschaffungskosten
- Arztkosten
- Autokosten
- Bildungskosten
- Bürokosten
- Dienstleistungskosten
- Energiekosten
- Ernährungskosten
- Freizeitkosten
- Geburtstagskosten
- Gesundheitskosten
- GEZ-Kosten
- Heizkosten
- Hobbykosten
- Inspektionskosten
- Instandhaltungskosten
- Kinderkosten
- Kleidungskosten
- Kontoführungskosten
- Körperpflegekosten
- Kreditkosten
- Krankenkassenkosten
- Mahnkosten
- Mietumlagenkosten
- Mobilitätskosten
- Müllentsorgungskosten

- Reparaturkosten
- Schulkosten
- Sparkosten
- Spielzeugkosten
- Steuern
- Strafgebühren
- Stromkosten
- Telefonkosten
- Tierkosten
- Trinkwasserkosten
- Unterhaltskosten
- Unterhaltungskosten
- Versicherungskosten
- Wartungskosten
- Weiterbildungskosten
- Werbungskosten
- Wohnkosten

All jene Posten dienen der körperlichen, sozialen, geistigen und finanziellen Lebenserhaltung. Auch diesen kann sich ein Mensch nicht entziehen, will er nicht unter einer Brücke hausen. Wie heißt es doch so schön: Nichts ist umsonst, nicht einmal der Tod, der kostet das Leben und die Hinterbliebenen die Bestattungskosten. Insofern wollen wir bei der Beurteilung des menschlichen Verhaltens immer vor Augen halten, mit wie vielen Anforderungen das Individuum tagtäglich zu tun hat. Der radikale Konstruktivismus, der da besagt, dass jeder Mensch selbstbestimmter Konstrukteur seiner eigenen Wirklichkeit ist, ist somit im Grunde in seinem Augenmerk eingeschränkt auf die Perspektive des Individuums als Alleingestalter seines Lebens. Der Konstruktivismus muss jedoch den Wechselwirkungen zwischen Individuum und Umwelt Rechnung tragen. Es ist letztlich nach der Weisheit letzter Schluss nicht so, dass der Mensch allein für sein Wirken verantwortlich ist, sondern eben nur zu einem gewissen Anteil im Vergleich zu den Anforderungen aus der Umwelt, sie trägt den anderen Teil der Wirkungsverantwortung. Dem Individuum ist es nach dem Naturgesetz der Selbsterhaltung nicht freigestellt, sich allen Anforderungen zu 100% zu entziehen, ohne dabei sein biologisches Leben zu gefährden. Letztlich stellt sich bei dieser Betrachtung die berechtigte Frage nach dem Gleichgewicht zwischen Anforderungsbewältigung und Selbstverwirklichung. Nach dem Wechselwirkungsprinzip von actio gleich reactio erfordert jede Selbstverwirklichung einen gleichen Anteil an Anforderungen aus der Umwelt genauso wie die Anforderungen aus der Umwelt stets einen gleichen Anteil an Selbstverwirklichung erfordern. Zu viel Selbstverwirklichung führt demnach zu Selbstbezogenheit und zu viel Anforderungsbewältigung führt zu Selbstlosigkeit.

Nach den allgemeinen Beobachtungen auch aus der Beratungsbranche ist ersichtlich, dass bei den meisten Menschen stets ein Teil stärker ausgeprägt ist als der andere: Entweder leiden die Menschen an Überheblichkeit oder an Unterwürfigkeit. In beiden Fällen liegt eine Störung der Wechselwirkung zwischen Ich und Welt vor. Und hieraus lässt sich als Faustregel für die therapeutische Praxis ableiten, dass man dem Menschen nicht allein in seiner Selbstbestimmung stärken muss, sondern auch gleichsam die Fähigkeit zur kritischen Anpassung. Es geht im Allgemeinen um die Schulung der Handlungsfähigkeit im Umgang mit angemessener Selbstbezogenheit und Kooperation. Der Mensch als Individuum und Sozialwesen muss Selbst- und Fremdkompetenzen erlernen, die ihn dazu befähigen, sich gegen unlautere Anforderungen zur Wehr setzen zu können genauso wie er in die Lage gebracht werden muss, seine eigenen Interessen in Bezug zu den Grenzen der Umsetzbarkeit zu bringen. Der Konstruktivismus ist somit nicht die Ultima Ratio der Erkenntnisfähigkeit des Menschen. Der Konstruktivismus muss in der Beurteilung menschlicher Erkenntnis mit dem Kausalprinzip der Wechselwirkungsprozesse zwischen Individuum und Umwelt betrachtet werden. Es geht dabei nicht mehr um die Frage, wer zuerst da war: Die Henne oder das Ei? Erkenntnisgewinnung des Menschen funktioniert viel mehr nach der Maxime: Das Eine geht ohne das Andere nicht – mit anderen Worten: Das Ich definiert sich durch die Umwelt und die Umwelt durch die Individuen – dazwischen finden Handlungen zur Entwicklung von beiden Existenzweisen statt. In die Praxis menschlichen Lebens transferiert bedeutet dies, dass beispielsweise Konflikte oder gar

Kriege dadurch vermieden werden können, wenn der Eine sich nicht über den Anderen erheben würde. Dann könnten die Umgebungsvariablen primär als Ressourcen und weniger als Stressoren nutzbar gemacht werden. Denn am Ende des menschlichen Lebens sind sowieso alle Lebewesen, ob die Bestimmer oder die Unterdrückten, wieder in Gleichheit vereint. Daher macht es zur Zufriedenheit aller Menschen mehr Sinn miteinander zu kooperieren anstatt zu konkurrieren. Konstruktivismus heißt in diesem Sinne das gemeinsame Zusammenwirken aller an den gemeinsamen Zielen der Menschheit: Frieden, Freiheit, Gerechtigkeit, Gelassenheit, Bildung, Entwicklung, Gesundheit, Solidarität, Freude und Liebe…

Mit Rechtsanspruch zum Geburtenboom?

Es hält sich hartnäckig das Volks- und fachöffentliche Urteil, dass eine bessere Vereinbarung von Arbeit und Beruf in Kombination der kommunalen Umsetzung des Rechtsanspruches auf einen Kita-Platz sowie der Ausbau des Elterngeldes zu einem Geburtenboom führen würde, wie das Heute-Journal des ZDF vom 10.10.2012 in seinem thematischen Beitrag darstellte. Deutschland stirbt aus – und das hat ganz andere Gründe.

Wer in Deutschland der Postmoderne die weitreichende Entscheidung trifft, Kinder in die Welt zu setzen und die Verantwortung für über zwei Jahrzehnte für sie zu übernehmen bereit ist sieht sich vor eine äußerst schwierige Aufgabe mit weitreichenden Folgen gestellt.

Die erste Fragestellung, die sich ergibt ist nämlich in der Tat diejenige nach der Vereinbarung zwischen dem Wunsch nach beruflicher Entfaltung mitsamt seiner fremdbestimmten Selbstbestimmung und dem Ausleben von Elternverantwortung mit den Attributen der selbstbestimmten Fremdbestimmung. Hier werden Frauen und Männer gleichermaßen mit der gesellschaftlichen Realität eines ethisch übersteigerten Arbeits- bzw. Leistungsbegriffs konfrontiert, der das Erziehen von Kindern gegenüber der beruflichen Arbeit entscheidungswirksam abwertet. Die

Menschen entscheiden sich nicht für Kinder, weil deren semi-professionelle Erziehungsarbeit keine adäquate gesellschaftliche Anerkennung gegenüber der professionellen Arbeit erhält. Und wer begibt sich schon gerne im sozialen Prestige auf einen absteigenden Ast?

Daneben wirkt der ebenso überzogene Institutionssozialisationsbegriff, der besagt, dass Kinder eine wesentlich bessere Förderung in den Kindetageseinrichtungen bekämen als im Rahmen der Familiensozialisation. Eltern stehen vor der folgenreichen Entscheidung ihre Kinder entweder in eine Institution abzugeben und somit Erziehungskompetenzen zu teilen oder sie selbst zu erziehen und dafür partizipationsnachteile aller Art in Kauf zu nehmen. Die Debatte um die Umsetzung von starren Bildungsplänen wie beispielsweise der Hessische Bildungs- und Erziehungsplan im Elementarbereich und der sogenannten Herdprämie für Eltern die ihre Kinder Zuhause erziehen wollen oder des Elterngeldes als Anreiz Kinder im ersten Lebensjahr Zuhause zu begleiten zeigt das Dilemma auf in dem die Fachöffentlichkeit steht: Das Thema Vollzeit-Kindererziehung in der Familie genießt in allen gesellschaftlichen und politischen Bereichen kein besonderes Ansehen, was daran zu erkennen ist, dass das Elterngeld lediglich ein Jahr gezahlt wird anstelle des „Erziehungsurlaubs" von zwei Jahren und die Herdprämie ist scheitert am politischen Unwillen der Neoliberalen. Also: Kinder in die Kitas als Alternative zur häuslichen Erziehung. Eltern stehen vor der existenziellen Frage: Wenn wir Kinder wollen, warum sollen wir sie abgehen? Denn wer will schon Kinder haben, wenn man am Ende nichts von ihnen hat?

Ein letzter und wesentlicher Punkt ist der, dass das im Grundgesetz im Paragraphen 6 verankerte elterliche Erziehungsrecht durch eine Menge anderer Gesetze untergraben wird. So müssen Eltern zum Beispiel einer Schulpflicht gerecht werden die explizit eine Unsumme an Kosten für Schulmaterialien wie Kopiergeld, Fahrgeld, Büchergeld, Getränkegeld, Klassenfahrten, Klassenkasse, Bastelgeld und so weiter von ihnen abverlangt. Des Weiteren zwingt das Kindervorsorgegesetz Eltern und Kinder gleichermaßen Kindervorsorgeuntersuchungen beim Kinderarzt auf, obwohl das Aufsuchen eines Arztes grundsätzlich eine Vertrauensangelegenheit darstellt, welche durch die ärztliche Schweigepflicht legitimiert ist und durch die Untersuchungspflicht mit Strafandrohungen bei Nichtumsetzung seitens der Eltern außer Kraft gesetzt wird sowie obendrein rechtschaffende und kritische Eltern kriminalisiert. Welche Eltern mit einem einigermaßen rechtschaffenden Moralhintergrund möchten sich derart vom Staat gängeln lassen, wenn er seiner Reproduktionsleistung durch die Aufzucht von Kindern mehr als zu genüge nachkommt.

Allen Kinder- und Familienförderungsbemühungen der unterschiedlichen staatlichen und gesellschaftlichen Bereiche zum Trotz führen diese Maßnahmen nicht zu einer sukzessiven Erhöhung der Geburtenrate. Warum auch? Solange der Beruf in der Wertigkeit höher steht als die Familie und die Erziehung von Kindern, solange die Fachhybris die Familienarbeit abwertet und so lange Eltern von den staatlichen Institutionen in ihrem Elternrecht bevormundet werden, so lange werden sich die neoliberal individualisierten Menschen nicht für Kinder entscheiden. Wozu auch? Kinder sind ja schließlich im gesellschaftlichen Konsens als Belastung stigmatisiert. Armes, aussterbendes Deutschland!

Das Jammern ist die größte Lust

Wer kräftig jammert und über alles meckert ist en vogue. In Deutschland herrscht nach neuen Studien aus der Regenbogenpresse ein unnachahmlicher Jammerton über Gott und die Welt vor. Die Deutschen sind im Vergleich zu seinen Nachbarn Weltmeister im Schlechtreden und im Pessimismus. Es gibt dabei unzählige Gründe, weshalb es den Menschen so schwerfällt, das Jammern und Meckern abzulegen.

Nur wer jammert und meckert erhält von seinen Menschen die nötige soziale und persönliche Anerkennung. Denn wer denkt und redet wie die meisten, ist dabei, der gehört dazu und schwimmt mit dem Strom. Wer anders sein will hat es schwer. Nur tote Fische schwimmen mit dem Strom. Wer gegen den Strom schwimmen will, der muss viele gute Gegenargumente aufbringen und praktisch gegen den Mainstream ankämpfen. Das ist nicht so leicht angesichts der reißenden Themen, über die man sich so landläufig bestens aufregen kann. Ob Politiker, die Vorgesetzten, die Besserverdiener, die Faulenzer, Kinder, Autofahrer oder Nachbarn. Stets gibt es genügend Anlass, sich über alles aufzuregen und dabei auf Zustimmung und Beifall aus allen Lagern zu stoßen. Die Elaborierten unter uns nennen dies dann Kritik auf höchstem Niveau und titulieren diese Haltung bei den Underdogs als Stammtischgeschwafel. Das Ziel ist das gleiche: Jammern und meckern über alles was tatsächlich und vermeintlich stört. Bismarck ärgert sich gewiss über jeden Taubenschiss, wie Herrmann van Veen so treffend über die Spießer dieser Welt singt. Und die gibt es ja bekanntermaßen in aller Couleur und an jeder Ecke. Das Jammertal ist überall anzutreffen: In der Bahn, in den Chefetagen, unter Lehrern, Jugendliche üben sich darin mit Eifer, alte Menschen sind darin Lebenserprobt, Ehepaare, Singles, Bürokraten und sogar hochgebildete aller Art schimpfen wie die Rohrspatzen ihren Lebensfrust von den Dächern herab. In der Regel wird das Kritikgehabe damit begründet, dass grundsätzlich die Anderen Schuld an der Misere haben. Als zweiter Grund wird genannt, dass die Politiker für die Umstände verantwortlich gemacht werden. Der Dritte Grund liegt in der Nachbarschaft, die einem an der eigenen Selbstentfaltung hindert. Viertens machen einem die Arbeit und hier im Allgemeinen die Kollegen bzw. im Speziellen die Vorgesetzen das Leben schwer. Aber auch die Staaten auf dieser Welt tragen einen gehörigen Anteil dazu bei, dass wir unter den vorhandenen Missständen leiden müssen. Weitere Gründe für das Jammern und Meckern über alles und das Hauen und Stechen untereinander finden sich in der Preispolitik, im Partner, in den Kindern, bei der Autoindustrie, der Bahn, der Werbung, der Bürokratie und bei den Behörden, den Ärzten, den Lehrern, der Polizei, den Juristen und in den Weltverschwörern sowie in all den nichtgenannten Schuldigen, die die Leser dieses wehrten Artikels sich ganz individuell noch in Erinnerung holen können. Das ist ein altbewährtes Muster: Nörgeln und Pöbeln und alle Schuld den anderen zuschreiben. So lässt es sich für den Deutschen ganz komfortabel leben. Bloß selbst keine Verantwortung für die Wirklichkeit übernehmen, denn so kann der Deutsche nämlich so tun, als sei er derjenige, der über alles Bescheid weiß und den rechten Durchblick hat. Der Deutsche ist praktisch das Synonym für Besserwisserei und Allmachtallüren. Und das zeigt er am liebsten ständig und überall durch seine Kommentare im Jammer- und Meckerton an den Schlangen der Supermärkte, in den Bahnen und Bussen, in den Blechlawinen des Berufsverkehrs, auf der Arbeit unter Kollegen und bevorzugt Zuhause vor dem Fernseher. Die Unzufriedenheit stellt in diesem Sinne das Leid der Nation dar. Erstaunlich ist dabei lediglich, dass anscheinend niemand bereit ist das Jammertal freiwillig zu verlassen. Warum auch? Wer nicht nörgelt hat kein Wissen, ist dumm und hat hier nichts zu melden. Das Heer der Pessimisten sorgt schon für den nötigen Anpassungsdruck auf alle diejenigen, die sich auch nur im Entferntesten mit den positiven Strömungen in dieser Welt beschäftigen, um den Pfad des Jammertals zu verlassen. Sie werden systematisch diffamiert mit der Killerphrasenattribuierung der Harmoniesucht, Ahnungslosigkeit und Verrätertum. Aber das gebildete Volk ist bereits auf dem besten Weg wie die Lemminge ins Meer zu laufen. Sehen Sie, Sie wähnen sich mit diesem Text in allerbester Nörgelgesellschaft über die Jammerer und Meckerer dieser Nation. Wenn Sie es schaffen, mit dem Meckern und Jammern aufzuhören, dann lassen Sie es mich wissen, wie sie sich aus dieser Abhängigkeit befreit haben.

Brauchen Kinder noch Familie?

Es gibt Eltern, die fragen sich nach der Geburt eines Kindes: Wie lange soll ich das Kind Zuhause lassen? Was ist für das Kind besser, Kita oder Erziehung zu Hause? Soll ich meine Karriere für das Kind Opfern? Soll ich mein Kind für die Karriere opfern? Die NUBBEK Studie (Nationale Untersuchung zur Bildung, Betreuung und Erziehung in der frühen Kindheit) beschäftigt sich mit der Frage wie viel Betreuung ein Krippenkind benötigt. Sie kommt zu einem ernüchternden Ergebnis: Die pädagogische Qualität in den Kindertagesstätten sind katastrophal und werden dem Entwicklungsstand von Kindern nicht mehr gerecht; aber auch die Erziehung in den Familien lässt das Kind hinter seinem Entwicklungsstand zurück. Was ist also richtig? Und was ist falsch?

Brauchen Kinder Familie? Das ist die Ausgangsfrage unserer These: Kinder brauchen Familie! Wie kommen wir überhaupt auf eine solche Frage? Es erscheint doch für jeden auf den ersten Blick einleuchtend, dass Kinder in ihrem natürlichen Umfeld, also in einer Familie aufwachsen. Warum also eine Frage bei der die Antwort immanent bejaht wird? Ganz einfach. Wir sind aufgrund unserer Beobachtungen auf dem Familiensektor zu dem Beobachtungsergebnis gekommen, dass es einen in der Gesellschaft entgegengesetzten Trend bei der Sozialisierungsform von

Kindern gibt. Fakt ist nämlich: Es sollen immer mehr institutionalisierte Betreuungsformen für Kinder ab 0 Jahren geben, und das mit einem gesetzlichen Anspruch. Zudem wird diese Form der Kindererziehung und Sozialisation von Eltern immer mehr in Anspruch genommen und, falls ein Betreuungsplatz in der Region nicht vorhanden ist, zunehmend gefordert. Noch werden mehr Kinder regelmäßig und zeitlich mehr in der Familie als in einer Kinderbetreuungseinrichtung erzogen. Aufgrund der zunehmenden Berufstätigkeit von Frauen und einer nicht nennenswert abnehmenden Berufstätigkeit von Männern, beschleunigt sich der Trend zur institutionalisierten Betreuungsform von Kindern. In der institutionalisierten Form der Kinderbetreuung werden Kinder mit familienfremden Normen und Werten konfrontiert und Eltern geben die Erziehungskompetenz aus der Hand. In den Kitas herrscht ein Klima der kalten Anpassung an Gruppen- bzw. Massenzwänge wohingegen in der Familie die warme Anpassung an Familienregeln Kindern eine sichere und eingebettete Orientierung gibt. Die Betreuungsform in der Kita beschränkt sich meist auf funktionale Ereignisse und Situationen mit co-konstruktivem Charakter, wohingegen in der Familie Kinder stets in die alltäglichen familienorganisatorischen Notwendigkeiten als Mitentscheidende, also als Konstrukteure ihrer Umgebung, einbezogen werden. Weiterhin werden in Kitas Konflikte auf die Sachebene bagatellisiert; in Familien mit

Konfliktkultur haben Kinder die Gelegenheit ihre Gefühlspalette auszuleben und zu reflektieren.

In der Hauptsache wird noch immer in der Fachöffentlichkeit damit argumentiert, dass Kinder andere Kinder benötigen, weil sie sich auf dem Weg ihrer Entwicklung kommunikativ mit ihrer Umwelt auseinandersetzen. Das können Mütter allein nicht bewältigen und Väter sind auch kaum zugegen. Diese Argumentation ist völlig richtig und zeigt auf, dass das Familienmodell in Deutschland nicht stimmig ist. Lieber geben wir wegen eines falschen Familienmodells unsere Kinder in die Hände anderer Erzieher/innen und verzichten auf die wertvolle und einmalige Zeit mit Kindern, anstatt darüber nachzudenken, das eigene und allgemeine Familienselbstverständnis zu reformieren zugunsten einer Familie mit mehreren Kindern oder mit mehr Nachbarschaftsbezügen und viel mehr Zeit für Kind und Familie selbst.

Kinder brauchen Familie aus vielerlei Gründen. Zum einen ist die Familie das Nest für alle Familienmitglieder, das für die Wärme untereinander, den Aufbau von Urvertrauen und das Erlernen von Freigeistigkeit als höchstes körperliches, kognitives, emotionales, soziales und moralisches Entwicklungsgut verantwortlich zeichnet. Nur in einer liebevollen Familie ist es möglich die ersten starken Gefühle von Vertrauen und Liebe aber auch die wichtigen Elemente der Angst und Ungehaltenheit ausprobieren und ausleben zu dürfen. Wir sollten allesamt diese Gefühlsvielfalt ausleben. Es sollte alles ausgelebt werden, was da an Emotionen kreucht und fleucht. Es ist so enorm wichtig, sich zu streiten, sich zu versöhnen und wieder zusammen zu halten. Die Familie ist die Keimzelle des Urvertrauens.

Familiäres Leben mit Kindern ist gekennzeichnet von komplexer Aufgabenbewältigung, multiplen Affektkomponenten und allerlei mystischen Anwandlungen.

Doch: Wer die Verantwortung gegenüber dem Beziehungs- und Erziehungsauftrag anzunehmen in der Lage ist, dem eröffnen sich unerschöpfliche Kraftreservoires. Die Familie ist ein Füllhorn von kognitiven und emotionalen Erfahrungen und Erlebnissen in den Bereichen Auseinandersetzung, Wachstum und Liebe, wie sie einem nur noch analog im Glauben an Gott erkenntlich werden. Hier fühlen wir uns wohl, hier sind wir Mensch, hier sind wir zu Hause!

Es gibt ein universelles Gesetz und das heißt: Actio = Reactio: Ausgleich! Das gibt uns die Kraft, über Ungleichbehandlungen unter den Menschen mit Langmut zu reagieren und vertrauensvoll zuzuschauen, wie alles sich ausgleichend in die Waage der Gerechtigkeit legt und sich auf diese Art und Weise allmählich einpendelt. Gott sorgt so dafür, dass nichts im

Leben und auch danach nichts verloren geht. Und darauf können wir gut vertrauen. Wenn wir dieses Vertrauen an unsere Kinder weitergeben können, dann sind wir schon sehr glücklich!

Das alles kann keine Institution bieten. Institutionen machen aus Menschen kaltherzige Ellenbogencharakter: Wer Kinder zunehmend institutionalisiert, der muss ich im Nachhinein nicht darüber wundern, wenn sie sich von ihren Eltern entfremden! Daher plädieren wir auf die Stärkung der Familie, auf eine Bezahlung der Mütter gemäß dem Berufsstand einer Erzieherin, sowie auf die flächendeckende Abschaffung der Kinderaufbewahrungsanstalten.

Mit Kinderlosensteuer gegen den Geburtenrückgang?

Der neue Coup der Christlich Demokratischen Union eine Kinderlosensteuer einführen zu wollen, um die Sozialversicherungssysteme, hier insbesondere das Rentensystem, finanzieren zu können sorgt im Lande für Aufregung in allen gesellschaftlichen Schichten. Bei aller nun folgenden polarisierenden Polemik, die in der öffentlichen Diskussion um dieses Thema entsteht stellt sich die sachliche Frage in den Vordergrund, ob diese Forderung tatsächlich zu einer die Sozialkassen gesundenden Geburtenerhöhung führt.

Die Deutschen sterben aus. Diese Tatsache lässt sich beim Statistischen Bundesamt zum Thema Geburtenraten der letzten Jahre statistisch belegen. Seit Jahren nimmt die Zahl der neugeborenen Deutschen kontinuierlich ab. Wenn das so weiter geht, dann verzeichnen wir in den nächsten 50 Jahren eine bedrohliche Nullgeburtenrate. Der letzte Deutsche kann dann im Land das Licht ausmachen – klick… Alle von der Politik installierten Steuerungsmaßnahmen gegen diesen Trend haben nicht zum gewünschten Effekt zur Steigerung der Kinderfreundlichkeit gepaart mit einer Geburtenerhöhung geführt: Betriebe mit familienfreundlichen Arbeitszeitmodellen konnten bislang nicht dafür sorgen, dass die Doppelbelastung von Frauen abnahm. Das Kindergeld konnte noch nie die stetig steigende Teuerungsrate der Lebenshaltungskosten durch eine gierige Wirtschaftswelt adäquat abfedern. Allgemeine Kostenvergünstigungen öffentlicher Freizeitangebote für Familien werden jedoch von den attraktiveren Privatanbietern von Freizeitevents nicht angeboten, so dass an dieser Stelle eine effektive Entlastung für Familien ausbleibt. Die breite Angebotspalette an familienbildenden Seminaren hat letztlich auch nur dazu geführt, gesellschaftsimmanente Erziehungs- und Sozialisationsprobleme auf die Eltern als Multiplikatoren für Problemlösungen als Zusatzbelastungen abzuwälzen. Die Einführung des einjährigen Elterngeldes hat die Frage der Zeit nach dem Elterngeldbezug nicht befriedigend für Eltern beantworten können. Die Abgabe der Kinder an die Erziehungs- und Sozialisierungsinstitutionen für mehr Wochenstunden als das Wochenende an Freizeit anbietet, lässt Menschen im Vorfeld die berechtigte Frage aufkommen, wozu man dann noch eigene Kinder haben sollte? Hinzu kommen zusätzlich lebensbelastende Bedingungen im Land, welche nicht gerade konstruktiv zu einem erhöhten Kinderwunsch bei den Menschen beiträgt: Die arbeitsmarktliberalisierende Billiglohnpolitik im Lande hat zu einer tiefen Verunsicherung bei den Lebensperspektiven und Lebensplanungen der Menschen geführt. Die durch ein überzogenes Qualitätsmanagement stetig steigenden Anforderungen an die Professionalität der Berufstätigen lässt diesen Menschen keine Zeit mehr zum Durchatmen. Eine zunehmende Subsidiarisierung von Organisationsprozessen auf die Elternschaft wie beispielsweise die Übernahme von Schullehrmittel oder Unterrichtsübernahme von Eltern hat zur Folge, dass die Menschen nicht mehr Entlastung durch das Gemeinwesen wahrnehmen, sondern eine zunehmende Zusatzbelastung in den Fokus der Betrachtungen rückt, die in dieser Weise auf Inakzeptanz stößt. Die säkulare Politik, die Wirtschaft und die Kirchen schränken die Menschen im Land durch dessen lebensfremden Verordnungen, Anweisungen und Gesetzen in ihrer Freiheit derart ein, dass kreativen, innovativen, spirituellen und erfindungsreichen Menschen jeglicher Antrieb für die Übernahme von Verantwortung für eigenen Nachwuchs genommen wird. Unter diesen Umständen kommt eine Forderung nach einer Kinderlosensteuer gerade Recht, um dem mangelnden Kinderwunsch weiterhin Vorschub zu leisten. Die Diskussion der Bestrafung einer gesellschaftlichen Gruppierung mit den Vorstellungen ihrer spezifischen Lebensentwürfe spaltet die Gesellschaft in Menschen mit falschen und richtigen Lebensvorstellungen. Es ist unter den oben genannten Umständen prognostisch nicht davon auszugehen, dass die Einführung einer bürgerbevormundenden Kinderlosensteuer die kinderlosen Menschen davon überzeugt Kinder in die Welt zu setzen. Und wie sage ich es später meinem Kinde? Etwa: Ich habe dich nur deshalb bekommen, weil der Staat mich sonst bestraft hätte! Das sind ja nicht gerade liebevolle und kinderfreundliche Zukunftsperspektiven. Letztlich brauchen wir ein Modell, bei dem Mütter und Väter freiheitlich und eigenständig entscheiden können wie sie ihr Familienmodell leben möchten. Hierzu gehört die Bereitschaft aller wirtschaftlichen und öffentlichen Organisationen, sich auf die Bedürfnisse ihrer Mitarbeiter einzustellen. Das heißt weg von einer reinen Profitorientierung mit fremdbestimmten Arbeitsrechtregelungen hin zu einem Kooperations- und Beteiligungssystem was allen Mitarbeitern die Möglichkeit einräumt flexibel auf Beruf und Familie zu reagieren. In diesem Sinne können Leistungsbezahlungen mit bedarfsorientierten Lohnbezügen kombiniert werden, wodurch Familien mit Kindern eine andere Lohnberechnung haben als ein Single. Zu neuen und alternativen Wirtschaftsmodellen zugunsten einer initiierten Familien- und Kinderfreundlichkeit fehlt jedoch der politische Wille, weil es für die herrschenden Machtsysteme bequemer ist mit den bestehenden wirtschaftlichen und bürokratischen Mitteln Menschen zu steuern anstatt in ihnen die konstruktive Selbstbestimmung zu fördern, was am Ende allen gesellschaftlichen Gruppierungen gleichermaßen zugutekommen und in Folge dessen auch wieder für einen Geburtenboom sorgen würde. Wer braucht da noch eine Kinderlosensteuer?

Jugendamt zerrt Vierjährige vor Gericht

Im Zuge der Umsetzung des Kindervorsorgeuntersuchungsgesetzes bringt das Jugendamt des Vogelsbergkreises ein vierjähriges Kind vor den Richter. Eltern und Mitbürger sind entsetzt ob des Überaktionismus eines durch den politischen Druck falsch verstandenen Kinderschutzes verunsicherten Jugendamtes.

Als die Eltern der vierjährigen Sophie eine Woche nach Zuzug vom Main-Kinzig-Kreis in den Vogelsbergkreis den Brief vom Jugendamt in der Hand hielten wussten sie noch nicht, dass sie von der urbanen Zivilisation im tiefsten Mittelalter angekommen sind. Der Brief fordert die Eltern auf, ihre Tochter nach dem Kindervorsorgeuntersuchungsgesetz einem Arzt zur Untersuchung vorstellig zu machen. Die Eltern reagierten sofort schriftlich mit dem Hinweis, dass sich ihre Tochter derzeit in einer Entwicklungsphase der Autonomie befinde und sich nicht von einem Arzt untersuchen lassen wolle. Da die Eltern, ein Diplom-Pädagoge und eine Klassische Homöopathin, ihre Tochter nicht zwingen wollten, sich von einem Arzt untersuchen lassen zu müssen, fühlte sich die im Jugendamt zuständige Sozialpädagogin S. genötigt, sich auf das Kindervorsorgeuntersuchungsgesetzt zu berufen und die Eltern samt vierjähriger Tochter vor das Familiengericht in Büdingen zu zerren. Dass die Eltern der übereifrigen

Jugendamtsmitarbeiterin in einer Erklärung mitteilten, dass ihre Tochter derzeit nicht zu einem Arzt wolle und das Jugendamt sich gerne durch einen Besuch bei der Familie von der körperlich und seelisch gesunden Entwicklung ihrer Tochter überzeugen könnten, bekamen die Akademikereltern lediglich die lapidare Mitteilung, dass die Sozialpädagogin nicht kompetent für die Beurteilung des Entwicklungsstandes der Vierjährigen sei. Hierbei stellt sich unweigerlich die Frage, wozu eine Sozialpädagogin von Steuergeldern bezahlt werde, wenn nicht für ihre originären Kernkompetenzen der Beurteilung von Erziehung und Entwicklung von Kindern und Jugendlichen. Da es sich hierbei anscheinend um eine fachliche Überforderung der Sozialpädagogin handelt, schien sich die offensichtlich inkompetente Jugendamtsmitarbeiterin nicht anders Helfen zu wissen, als den Fall an das sowieso schon überlastete Familiengericht abzugeben. Anstatt sich den Aufgaben der Familienhilfe bei bekannten Fällen einer drohenden und bestehenden Kindesverwahrlosung zu widmen, versuchen die unter öffentlichen, politischen und fachlichen Druck stehenden Jugendämter nun Exempel beim Bildungsbürgertum zu statuieren, um nachweisen zu können, dass sie Handlungskompetent sind. Diese überzogene Handlungskompetenz führt leider zu verwaltungstechnischen und fachlichen Fehlleistungen beim Jugendamt. Denn erstens ist das Verfahren vom Anschreiben bis zur Ankündigung innerhalb von vier Tagen von der Sozialpädagogin entschieden worden, ohne die gesetzlich vorgegebenen Fristen innerhalb der unterschiedlichen Korrespondenzen einzuhalten. Hier geriet die Jugendamtsmitarbeiterin offensichtlich in unprofessionelle Panik. Zweitens hat die Sozialpädagogin schlichtweg die plausiblen Begründungen der Eltern ignoriert und hat ihren gesetzlich vorgeschriebenen Ermessensspielraum zur eigenen Überprüfung des Kindeszustandes nicht ausgeschöpft. Summa Summarum hat der fachlich unprofessionelle Überaktionismus des Vogelsberger Jugendamts exakt die Falsche Zielgruppe getroffen. Hier offenbaren sich die Fehlleistungen des Kindervorsorgeuntersuchungsgesetzes, weil es nicht diejenigen erreicht, bei denen eine Familienhilfe dringend notwendig ist, sondern über einen Kamm geschert ausgerechnet diejenigen, die in voller Verantwortung ihrem Erziehungsauftrag nach bestem Wissen und Gewissen und zusätzlich noch mit pädagogischen bzw. akademischen Bildungshintergrund, frei nach dem Motto: Die Auffälligen lässt man laufen und die Verantwortungsvollen klagt man an. Hier befinden wir uns in einem Rechtsraum, der der mittelalterlichen Inquisition gleichkommt. So ist es kein Wunder, dass Deutschland an Geburtenrückgang leidet, ob der Tatsache, dass gebildete Eltern mit Erziehungsverantwortung von staatlicher Seite gegängelt werden und somit für sich die Entscheidung treffen, dann doch lieber keine Kinder in diese verkehrte Gesetzeswelt zu

setzen. Armes Deutschland, in dem Vierjährige vor den Richter gezerrt werden, nur weil
sie sich nicht von einem Arzt untersuchen lassen wollen.

*

Reaktion der Eltern auf die schriftliche Einladung des Universitätsklinikums Frankfurt am
Main als Handlanger der gesetzlich verordneten Kindervorsorgeuntersuchung (die alle
hessischen Erziehungsberechtigten mit Kindern bis 6 Jahren erhalten):

An die Diktatoren qua Amtes.

Wie wir Ihnen bereits seit Jahren erfolglos in
mehreren Anschreiben mitgeteilt haben, benötigen wir von Ihnen weder eine schriftliche
Einladung, noch eine Belehrung bzgl. der Kindervorsorgeuntersuchung von Ihrer faschistoiden Stasi-Organisation. Dass Sie sich nicht
an mein Begehren halten, ist skandalös und
bedarf der öffentlichkeitswirksamen Gegenpropaganda mittels Medien. Wir weisen nochmals darauf hin, dass wir als mündige und erwachsene Menschen vom Staat NICHT gegängelt werden möchten, da wir als gebildete
und mündige Bürger selbst entscheiden,
wann wir was tun und lassen wollen. NOCH
MALS: WIR BRAUCHEN KEINE STAATLICH
VERORDNETE EINLADUNG (die Methoden
Ihres akademischen Dreckhaufens voller gesetzlich protegierter Denunzianten lassen

Erinnerungen an eine Zeit zwischen 1933 und 1945 bzw. 1989 wach werden und haben nichts mehr mit Demokratie zu tun). Verwenden Sie bitte die Steuergelder sinnvoller in den Ausbau einer funktionierenden Sozialarbeit in den maroden Jugendämtern, damit diese ihre Arbeit an den Stellen verrichten können wo die sozialen Brennpunkte dies bitter nötig haben, anstatt rechtschaffene Bürger mit steuergeldverschwendenden Anschreiben und Zwangsanordnungen analog diktatorischer Methodik in ihrer Freiheit zu unterdrücken!

Im Übrigen: Wir würden unsere Kinder am liebsten nicht mehr zur Untersuchung schicken, da Sie nicht bereit sind, die Arbeitsausfall- und Fahrtkosten zu erstatten. Lassen Sie meinetwegen das Jugendamt bei uns erscheinen, die sind bereits von meinen Steuergeldern bezahlt.

Ach, noch was: Die Amtsgerichte zerren dank Ihrer barbarisch-faschistoiden Institution Vierjährige vor Gericht - ICH WIEDERHOLE: VIERJÄHRIGE!!! (das ist ein Fall für die europäische Menschenrechtskommission), die dann unter Tränen die Aussage durch Richter ausgepresst bekommen, dass sie nicht zum Arzt wollen. Hier schaffen Sie qua Ihrer Existenz und als Handlanger der Pädobarbaren die Renaissance von Hitler- bzw. Honekerdeutschlands Schergen, wie es würdeloser nicht mehr geht (und das unter den Talaren von Professoren und Doktoren!). ARMES, ARMES Deutschland!!! Ganz in der menschenverachtenden preußischen Tradition des Obrigkeitsstaates.

Alles in Allem ist dieser Gesamtvorgang unerträglich für bildungsbürgerliche Freigeister wie wir, wenn man von so einem akademischen Dreckhaufen voller Denunzianten wie Ihre Institution sie repräsentiert würdelos behandelt wird! Es ist - wie 1939 - an der Zeit, aus diesem Land auszuwandern, in ein Land, in dem es noch um das Wohl des Kindes geht und nicht um das Wohl eines Gesetzes!

Ein äußerst verärgerter Freigeist!

*

Und siehe da, die Inkompetenz des Jugendamtes geht weiter

Einmal auf dem Kicker, immer auf dem Kicker. Rechtschaffende Eltern bekommen die Zecke Jugendamt nicht mehr vom Hals.

In Zeiten schwerer Entscheidungen beim Thema Schutz des Kindes vor familialer Gewalt fällt das Jugendamt zum zweiten Mal schwerwiegend falsche Entscheidungen innerhalb zweier Jahre und destabilisiert rechtschaffende Familie auf bloßen Verdacht.

Das Jugendamt hat einen Schutzauftrag gegenüber Kindern und Jugendlichen. So wird es im Sozialgesetzbuch 8a geregelt. Das Gesetz sieht vor, dass das Jugendamt bei Vorliegen gewichtiger Anhaltspunkte das Gefährdungsrisiko einzuschätzen hat. Dies erfolgt nach der Verfahrensweise zunächst durch das direkte Gespräch mit den Erziehungsberechtigten, in einem zweiten Schritt dadurch, dass das Jugendamt sich einen unmittelbaren Eindruck von dem Kind und von seiner persönlichen Umgebung zu verschaffen hat. Erst in einem letzten Schritt schaltet es das Gericht ein, wenn definitiv ersichtlich ist, dass die Erziehungsberechtigten die Gefahr nicht einschätzen können oder wenn dringende Gefahr gegen den Schutz von Kindern und Jugendlichen besteht. Soweit die Rechtslage.

Die beiden vorliegenden Fälle von inkompetenter Einschätzung der Situationen von Seiten des Jugendamtes sind schnell geschildert:

Im ersten Fall zerrte das Jugendamt eine Vierjährige und deren Eltern vor das Familiengericht in Büdingen, weil das Kind sich im Rahmen der Kindervorsorgeuntersuchung nicht untersuchen lassen wollte und die Eltern diesem Willen stattgaben, da das Kind damit argumentierte, es sei ja nicht krank, also wolle es auch nicht zum Arzt. Im Schriftverkehr mit der zuständigen Sozialarbeiterin S. legten die Eltern den Beweggrund dar und boten ihr an, sich durch einen Besuch in der Familie selbst einen unmittelbaren Eindruck von der Situation zu verschaffen. Das lehnte die überforderte Sozialarbeiterin ab und schaltete ohne Vorwarnung das Familiengericht ein. Vor Gericht stellte sich sehr schnell heraus, dass ein Besuch von Seiten des Jugendamtes in der Familie den dringenden Verdacht auf Kindeswohlgefährdung ausgeräumt und das Einschalten des Gerichtes unnötig gewesen wäre. Hätte die inkompetente Sozialarbeiterin die Verfahrensweise professionell angewendet, dann wäre allen Beteiligten der Ärger und vor allem einem ob der Situation verunsicherten vierjährigen Mädchen die peinliche Befragung durch den Richter erspart geblieben.

Der zweite Fall zeigt den Irrsinn der Inkompetenz nochmals deutlich auf: Das Jugendamt, hier wieder die Sozialarbeiterin S., erhält einen Anruf mit dem Hinweis, die Kinder seien gefährdet, weil es in der Familie Geschrei gebe. Im Gespräch der Mutter mit der Sozialarbeiterin stellte sich heraus, dass die Tante bei einem Telefonat mit der Mutter eine sekundenkurze Situation im Hintergrund mitbekam, bei dem sich zwei Geschwister lauthals miteinander stritten und der Vater, ebenso lauthals sich Gehör verschaffte, um die Streithähne voneinander zu trennen. Dies nahm die wiederum der Situation nicht Herr und überforderte Sozialarbeiterin zum Anlass, nach dem ersten Gespräch mit der Mutter, bei dem alle Zweifel ausgeräumt wurden, nun beide Eltern schriftlich zu einem Gespräch aus Sorge um die Kinder ins Jugendamt in Obrigkeitsmanier zu zitieren. Der Vater weigert sich nun schriftlich mit Begründung dieser unnötigen Gesprächseinladung zu folgen und fordert die Sozialarbeiterin erneut auf, die Familie zu besuchen, um alle unbegründeten Verdachtsmomente auszuräumen. Wir sind gespannt wie es in diesem Fall nun weiter geht. Sollte die Sozialarbeiterin wieder in ihrer Fehleinschätzung das Gericht anrufen, sieht sich der Vater gezwungen disziplinarische und rechtliche Schritte gegen die fehlbesetzte Sozialarbeiterin des Jugendamtes wegen Verfahrensfehler einzuleiten.

Es zeigt sich in beiden Fällen deutlich, dass die Sozialarbeiterin S. im Jugendamt offensichtlich unzureichendes professionelles Rüstzeug mitbringt, um derartige Bagatellen sachgemäß richtig und verfahrenstechnisch korrekt einzuschätzen. Aufgrund mangelnder Professionalität und unzureichendem Gespür für familiale Alltagssituationen überreagiert die Jugendamtsmitarbeiterin in alter Wohlfahrtsmanier unangemessen restriktiv. Hier steht offensichtlich nicht das Wohl der Kinder als Motiv für professionelles Fehlverhalten im Vordergrund, sondern aller Wahrscheinlichkeit nach unverarbeitete Kindheitstraumata auf Seiten der Sozialarbeiter, die nun qua Amtes sukzessive an unbescholtenen Familien abgearbeitet werden.

Unsere aufgeklärte Gesellschaft kann es sich nicht leisten, inkompetente Sozialarbeiter/innen in hochsensiblen Schaltstellen des Kinder- und Jugendhilferechts sitzen zu haben, die auf der einen Seite in bekannten Fällen untätig zuschauen, wie Eltern ihre Kinder zu Tode bringen und auf der anderen Seite rechtschaffende und verantwortungsbewusste Eltern durch Fehlinterpretationen und falsche Verfahrensweisen überforderter Mitarbeiter/innen in Rechenschaftsnot drängen wo faktisch keine Gefahr besteht. Solche Fälle erheben berechtigte Fragen nach Mängeln in Ausbildung und Amtskontrolle. So bleibt hier die Frage offen, ob Studierende der Sozialarbeit in ihrem Studium hinreichend auf ihre verantwortungsvolle und einfühlungsintensive Aufgabe vorbereitet werden. Eine weitere Frage stellt sich nach der Verfahrensüberprüfung im Jugendamt selbst. Es liegt die Vermutung nahe, dass es hier keine Kontrolle innerhalb der Hierarchie gibt, die rechtzeitig falsche Verfahrensentscheidungen von Weisungsempfängern revidieren bzw. korrigieren. Es kann nicht sein, dass eine Sozialarbeiterin nach Gutsherrenart allein entscheiden kann wie sie verfahren möchte. Hier muss zwingend ein Kontroll- oder Reflexionsinstrument geschaffen werden, in dem Entscheidungen auf ihren inhaltlichen Gehalt und auf die faktische Notwendigkeit hin überprüft werden. Wäre dies in beiden geschilderten Fällen geschehen, hätte die Sozialarbeiterin mehr Kapazitäten für wirklich dringende

Familienhilfen frei gehabt, anstatt Bagatellen unnötig auf zu blähen, nur um die eigene Unzulänglichkeit zu kaschieren.

Das ist eine menschliche Katastrophe: Die rechtschaffenen Bürger drangsaliert man, die echten Problemfälle rinnen den Jugendämtern durch die Finger. Aber nicht genug davon, der Wahnsinn geht in die nächste Runde:

Das Chaos im Jugendamt des Vogelsbergkreises geht weiter. Anstatt die professionelle Inkompetenz zu beheben, fühlen sich die Verantwortlichen im Recht des Handelns und verzetteln sich laienhaft in blindem Aktionismus voller Fehlhandlungen und ohne fachlich verifizierte Grundlage.

Wenn Menschen falsch handeln, dann ist es in der Regel an der Zeit, darüber nachzudenken, woran der Fehler liegen könne, welchen Ursachen er unterliegt und wie man ihn künftig vermeidet. Letztlich bedarf es zur Klärung der Missstände auch einer Entschuldigung von Seiten der amtlich „Misshandelnden“. Das alles zählt jedoch nicht für Vogelsberger „Holzköpfe“ in amtlich‘ Gnaden. Man bemerke: In so einem Jugendamt zeichnen sich Landrat, Führungspersonen und Sozialpädagoginnen für ihr Handeln verantwortlich – sollte man annehmen.

Nachdem nun, das Jugendamt die Familie mit ihren wilden Vermutungen über herangetragene Gerüchte mit ihrem Maßnahmenkatalog nach Vorschrift und Gesetzestext zu genüge traktierte, ging es in die Endrunde des Possenspiels von Seiten des inkompetenten Jugendamtes Lauterbach.

Um den Kreislauf von Inkompetenz zu beenden hatte sich der traktierte Vater mit einer Dienstaufsichtsbeschwerde an den Landrat gewandt, in dem er auf einen fachlichen Handlungsmissstand aufmerksam nachte. Diese Dienstaufsichtsbeschwerde hatte den folgenden Wortlaut:

„Sehr geehrter Herr Landrat XY, sehr geehrte Damen und Herren des Kreisausschusses,

hiermit lege ich Dienstaufsichtsbeschwerde gegen die Jugendsamtmitarbeiterin, Frau M. S., ein mit der freundlichen Bitte um weitere Veranlassung.

Begründung:

Im vorliegenden Fall lege ich der Jugendamtsmitarbeiterin, Frau M. S., einen schwerwiegenden Verfahrensfehler nach §8a SGB VIII zur Last. Entsprechend der Korrespondenz zwischen mir und der Mitarbeiterin ist ersichtlich, dass hier zu keiner Zeit nach fachlicher Einschätzung eine akute oder dringliche Gefährdung des Kindeswohls erkennbar war, zumal ich ihr entsprechend §8a, Satz 1, Teilsatz 2, anbot, sich durch einen persönlichen

Besuch bei meiner Familie zur Gefährdungs-
einschätzung einen unmittelbaren Eindruck
von dem Kind und von seiner persönlichen
Umgebung zu verschaffen in dem Sie im Vorfeld eine Kindeswohlgefährdung hätte aus-
schließen können. Dies hat Frau S. in professioneller Fehleinschätzung nicht in Anspruch
genommen und sogleich das Familiengericht
ohne eine hinreichende Prüfung der Ausschöpfung der vorgegebenen Verfahrensweise vorzunehmen. Wie sich bei dem Termin
beim Familiengericht im Januar 2013 bestä-
tigte, lag zu keiner Zeit eine Kindeswohlgefährdung vor.

Insofern fordere ich Sie freundlich auf, mittels
des Instrumentes der Dienstaufsichtsbeschwerde Frau S. disziplinarisch zu untersuchen und mir den Stand Ihrer Ermittlungen
mitzuteilen. Ferner erwarte ich aufgrund der
Fehleinschätzung gepaart mit einer verfah-
rensbezogenen Fehlhandlung eine formelle
Entschuldigung von Frau S. wegen der hieraus resultierenden indirekten Beschuldigung
einer Kindeswohlgefährdung, die zu keiner
Zeit nachweislich gerechtfertigt war.

Ich bedanke mich für Ihre Bemühungen sowie
für Ihr Verständnis.

Mit freundlichen Grüßen"

Wie zu erwarten war, kratzt eine Krähe der
anderen Krähe kein Auge aus und der

Landrat wehrte nach Gutsherrenart diese inhaltlich und formal berechtigte Dienstaufsichtsbeschwerde des von Amts wegen gemobbten Vaters lakonisch ab mit der Begründung, die Mitarbeiterin sei keine Ärztin und sie habe nach Recht und Gesetz richtig gehandelt. Die Abwehr der Dienstaufsichtsbeschwerde liegt natürlich innersystemisch darin begründet, dass regionale Seilschaften im Amt dazu führt, sich gegenseitig zu decken, zumal besagte Sozialpädagogin, vorher beschäftigt beim Bildungswerk der Hessischen Wirtschaft in der Vermittlung arbeitsloser Jugendlicher in den Arbeitsmarkt, durch familienbedinge Beamtenseilschaft im Jugendamt Lauterbach ihr Unwesen treiben darf. Der pikierte Vater im Kampf gegen seilschaftsbürokratische Windmühlen verfasst in seinem tiefen Demokratieverständnis einen Widerspruch gegen die Abwehr seiner Dienstaufsichtsbeschwerde:

„Sehr geehrter Herr Landrat XY, sehr geehrte Damen und Herren des Kreisausschusses,

Ihre Zurückweisung meiner Dienstaufsichtsbeschwerde gegen die Jugendamtsmitarbeiterin, Frau M. S., habe ich erhalten. Nach inhaltlicher Prüfung Ihrer Zurückweisung lege ich formal Widerspruch gegen diese Zurückweisung ein mit folgender Begründung:

Ich stelle fest, dass Sie den Vorgang falsch bewertet haben und Frau S. nachweislich nicht entsprechend der rechtlichen Ermessungsspielräume, die §8 SGB VIII regeln, gehandelt hat. Sie hat eine unangemessene und daher falsche Entscheidung getroffen, in dem Sie das Familiengericht vor einer Prüfung des Sachverhalts durch einen Hausbesuch bei uns eingeschaltet hatte, zumal ich ihr ein Hausbesuch in meiner Mail anbot. Frau S. lehnte den Hausbesuch ab mit der Begründung, sie sei keine Ärztin und könne den Gesundheitszustand nicht beurteilen. Ich weise darauf hin, dass ich hinreichend begründet hatte, weshalb meine Tochter nicht zum Arzt gehen wollte. Frau S. hätte mit einem Hausbesuch durch Gespräche mit uns und unserer Tochter durchaus beurteilen können wie sich der Gesundheits- und Entwicklungsstand meiner Tochter darstellt, schließlich ist die Dame Sozialarbeiterin und in dieser Hinsicht fachlich ausgebildet. Die Anrufung eines Familiengerichts ist schon allein deshalb auch unangemessen, da das Gericht nicht ärztlich kompetent für die Beurteilung eines Gesundheits- und Entwicklungszustandes eines Kindes ist. Ich stelle daher fest, dass Frau S. Ihre Arbeit nicht nach menschlichem Ermessen, sondern allein aus mangelnder Kenntnis der Gesetzeslage affektiv ausrichtet und daher außerstande war, die Ermessenlage nach menschlichen Erwägungen auszuschöpfen. Allein dies lege ich Frau S. zur Last und diese mangelnde Ausschöpfung des Ermessenspielraumes möchte ich als Dienstaufsichtsbeschwerde bearbeitet haben.

Weiterhin gehen Sie in Ihrer Zurückweisung in keiner Weise auf genau meine oben angegebene und nochmals ausführlich dargestellt Argumentation der Dienstaufsichtsbeschwerde ein, sondern weisen Sie mit allgemeingesetzlichen Vorgaben ab, die ich in meiner Beschwerde gar nicht in Frage gestellt hatte. Ich stelle daher fest, dass Sie sich offensichtlich mit dem Fall nicht eindringlich beschäftigt haben, sondern ein Urteil des Amtsgerichtes zitieren, das mir in dieser Form so nicht vorliegt. Der mir vorliegende Beschluss besagt wortwörtlich: „Sehr geehrter Herr N., in der Familiensache betreffend die elterliche Sorge für Ihre Tochter, ist das Verfahren erledigt, da keine weiteren Maßnahmen veranlasst erscheinen. Mit freundlichen Grüßen XY, Richterin am Amtsgericht". Woher bitte nehmen Sie die in Ihrem Brief formulierte Aussage des Familiengerichts? Hierzu bitte ich um Stellungnahme.

Weiterhin argumentieren Sie mit der Bewährung der Untersuchungen in den letzten Jahren, ohne dies hinreichend und wissenschaftlich zu begründen. Im Gegenzug argumentiere ich, dass es durchaus nicht hinreichend belegt ist, ob sich diese Untersuchungen in den letzten Jahren bewährt haben. Woher haben Sie diese Weisheit? Letztlich ging es auch nicht darum, ob es sich bewährt hat oder nicht, sondern darum, dass meine Tochter nicht zum Arzt wollte. Auf der einen Seite soll das Jugendamt Wächter des Wohles des

Kindes sein, auf der anderen Seite gesteht Frau S. meiner Tochter genau dieses Wohl nicht zu, da sie ein Vierjähriges Kind aufgrund seiner Entscheidung vor den Familienrichter zerrt. Ist das kindeswohlfördernde professionelle Arbeit Ihres Jugendamtes? Daher stelle ich fest, dass Frau S. professionell nicht in der Lage war eine angemessene Ermessensentscheidung zu treffen und daher den Vorgang eben nicht ordnungsgemäß bearbeitet hat.

Für mich bleibt der Vorgang der Dienstaufsichtsbeschwerde so lange offen, bis ich eine hinreichende Begründung dafür erhalte, weshalb Frau S. den Ermessensspielraum des Hausbesuchs – was in anderen Jugendämtern durchaus gängige Praxis in solchen Fällen ist – nicht voll ausgeschöpft hatte. Des Weiteren bestehe ich weiterhin auf eine formale Entschuldigung für ihr Fehlverhalten.

Zuletzt weise ich darauf hin, dass Frau S. in diesen Tagen erneut einen Verwaltungsfehler begangen hatte, in dem sie im oben genannten Fall, der inhaltlich längst abgeschlossen ist, wieder aufrollt und mich und meine Frau zu einem Gespräch hierüber einlud. Dies habe ich mit einer Beschwerde beim Jugendamtsleiter abgewehrt. Sie sehen, Frau S. arbeitet fehlerhaft. Daher bitte ich Sie inständig um erneute Prüfung meines Anliegens.

Ich bedanke mich für Ihre Bemühungen sowie für Ihr Verständnis.

Mit freundlichen Grüßen"

Auch diesen Widerspruch wehrte der Landrat einige Tage später schriftlich lakonisch damit ab, dass er, aufgrund der ersten Begründung zur Abwehr der Dienstaufsichtsbeschwerde, keinen weiteren Handlungsbedarf mehr in dieser Angelegenheit sehe. So also geht der oberste Diener des Landkreises mit den begründeten Anliegen seiner Bürger um. Das ist ignorant, arrogant und schlichtweg ein Zeichen höchster Inkompetenz im Umgang mit Verwaltungsangelegenheiten zum Schutz gegängelter Bürger. Demokratie wird hier fälschlicherweise verstanden als Instrument der Aufrechterhaltung fehlerhafter und machtbesessener Politikstrukturen und hat mit demokratischer Auseinandersetzung nichts mehr zu tun.

Zu allem Überfluss kam parallel zu diesem Prozedere der Dienstaufsichtsbeschwerde ein Brief von Frau S. ins Haus der Familie geflattert, in dem im Betreff stand: Elterliche Sorge um ihr Kind S. Dies verbunden mit einem Gesprächstermin im April gemeinsam mit einem Kollegen von ihr. Hieraus ging hervor, dass Frau S. mit der Familie ein Gespräch über das Kind S. führen möchte. Der völlig entrüstete Vater, der nicht mehr nachvollziehen konnte, was dort im Lauterbacher Amt für ein struktureller Schindluder getrieben wird verfasste sogleich einen Brief an die Jugendamtsleitung:

„Sehr geehrte Jugendamtsleitung, sehr geehrte Damen und Herren,

dem Schreiben Ihrer Jugendamtsmitarbeiterin, Frau M.S., entnehme ich, dass sie ein gemeinsames Gespräch mit Ihrem Mitarbeiter, Herrn K., meiner Ehefrau und mit meiner Wenigkeit in unserem Haus terminiert. Im Briefkopf und Betreff der Korrespondenz gibt sie den Gesprächsinhalt betreffend sowohl das oben genannte Aktenzeichen als auch den Namen meiner Tochter S. an.

In Bezugnahme auf den Betreff teile ich ihnen mit, dass es hier keinen Gesprächsbedarf von unserer Seite gibt: Das Verfahren wurde durch das Büdinger Amtsgerichtsurteil als erledigt beurteilt. Von daher besteht von unserer Seite in diesem abgeschlossenen Verfahren keine weitere Notwendigkeit eines gemeinsamen Gespräches mit Ihrem Haus.

Im Übrigen weise ich darauf hin, dass in dieser Angelegenheit durch mich eine Dienstaufsichtsbeschwerde gegen Frau S. wegen eines Verfahrensfehlers initiiert wurde, dessen Verfahren sich noch in der Schwebe befindet und ich auf den Abschluss des Ergebnisses warte, was mir im Schreiben des Hauptamtes zugesichert wurde. Zusätzlich zu den oben angeführten Begründungen besteht hier zusätzlich ein gewichtiger Grund, das Gespräch mit Frau S. bis zur endgültigen Beurteilung meiner Dienstaufsichtsbeschwerde zu verweigern, da hier bis dahin der dringende Verdacht der Befangenheit von Seiten Ihrer Mitarbeiterin bestehen könnte.

Weiterhin ersuche ich Sie als Amtsleitung freundlich, Ihre Mitarbeiterin darauf hinzuweisen, dass sie, wie in diesem Fall erneut ersichtlich, ihre Arbeit professionell zu organisieren und administrativ zu strukturieren, damit wir als rechtschaffende Familie nicht permanent von den Fehlern von Frau S. in Mitleidenschaft gezogen werden. Andernfalls sehe ich mich genötigt, die Angelegenheit zur endgültigen Beendigung meinem Rechtsbeistand zu übergeben.

In der Summe der berechtigten Begründungen sehe ich von der Wahrnehmung des von Ihnen vorgeschlagenen Gesprächstermins ab.

Ich gehe davon aus, dass ich hier auf das notwendige Verständnis Ihrerseits für mein vorgetragenes Anliegen stoße.

Für Rückfragen stehe ich Ihnen zur Verfügung.

Mit freundlichen Grüßen"

Bis heute hat die Familie keine Rückmeldung auf dieses letzte Beschwerdeschreiben erhalten. Hier ist ganz offen zu erkennen, dass sich die Verantwortlichen im Jugendamt des

Vogelsbergkreises weder pädagogische, professionelle und schon gar keine verwaltungsbezogenen Kompetenzen angeeignet haben. Hier sitzen anscheinend Menschen auf ihren Stühlen, deren Posten sie zufällig im Lotto gewonnen haben. In diesen Wänden, aus bäuerlichem und inkompetentem Muff, wurde weder ein professioneller Umgang gelernt, noch im Sinne eines gesunden Menschenverstandes reagiert. Man schweigt und kehrt alles unter den Tisch des Totschweigens. Aber wehe, diese Menschen hören wieder ein ungeprüftes Gerücht über eine Familie von irgendwelchen Profilneurotikern, dann werden die Bluthunde des Jugendamtes Lauterbach wieder losgelassen und schaffen ordentlich Chaos unter den rechtschaffenden Menschen im Lande.

Die betroffene Familie hat beschlossen, den Fall einstweilen ruhen zu lassen. Sollte hier wieder Aktivität in die Sache kommen, werden sie sich einen Rechtsbeistand nehmen und die Öffentlichkeit via Print- und Telemedien in Kenntnis über die strukturelle Unfähigkeit eines öffentlich finanzierten Amtes im Vogelsberg zu setzen.

Ein äußerst unbefriedigendes ENDE.

Evangelische Kirche misst mit zweierlei Maß

Die Familie N. aus Biebergemünd klagt die evangelische Kirche wegen Ungleichbehandlung bei der Urkundeneintragung ihrer Frankfurter Taufpatin an. Als die Familie aus dem Spessart ihr siebtes Kind in der ortsansässigen Kirche der Taufpatin Frau N. aus Frankfurt am Main hat taufen lassen, erlebt sie bei der Überreichung der Taufurkunde eine unerwartete Überraschung. Pfarrer Ackermann von der Evangelischen Kirche in einem Ortsteil im Frankfurter Norden verweigert den Eintrag von Frau N. als Patin in die Taufurkunde, weil sie einer evangelisch-reformierten Kirche in Amerika angehört.

Wenn die gesamte Familie aus Frankfurt am Main und dem osthessischen Mittelgebirge zusammentrifft, redet sie buchstäblich über Gott und die Welt. Während die eine Familie der evangelischen Amtskirche angehört, ist die ursprüngliche Frankfurter Katholikin Frau N. Mitglied bei Hour-Of-Power, einer offiziellen evangelisch-reformierten Kirche in Amerika mit Dependenzsitz in Augsburg. Diese rein formale Unterscheidung hindert die Familie jedoch nicht daran, sich vom Wort Jesus Christus bei der Beurteilung der Welt inspirieren und leiten zu lassen. „Die Probleme in der Welt bedürfen vielfältiger Lösungen, die in der Nächstenliebe der Menschen zueinander begründet sind und dabei ist es unerheblich bei welcher Kirche man angemeldet ist", sagt der in Frankfurt geborene Familienvater, Herr N. Der Biebergemünder Familie ist es wichtig, dass der christliche Kerngedanke an ihre Kinder weitergegeben wird und dazu benötigen Sie den Beistand ihrer Tante und Wahlpatin aus Frankfurt. „Jesus hat die Menschen nicht in Kirchenmitgliedschaften unterschieden, sondern alle Menschen zu seinem Abendmahl eingeladen", resümiert Mutter N., die ebenso in Frankfurt am Main geborene Homöopathin und Mutter von sieben getauften Kindern. „Ich verstehe das gar nicht", sagt die Taufpatin, „ich bin offizielle und in den Taufurkunden eingetragene Patin von vier evangelisch getauften Kindern. Und jetzt verweigert mir der Pfarrer das Taufamt, nur weil ich nicht in der Amtskirche bin? Wie kann die Kirche hier mit zweierlei Maß urteilen?" Und tatsächlich, die Taufpatin wurde sowohl von einer anderen evangelischen Kirche in Frankfurt am Main als auch von der Gründauer Evangelischen Kirche sowie von der Biebergemünder Evangelischen Kirche, beide aus dem Main-Kinzig-Kreis, als Patin in die Taufurkunden ihrer drei Großneffen und Großnichten eingetragen. Lediglich Pfarrer A. von der Evangelischen Kirche im Norden von Frankfurt reiht sich aus diesem turnusgemäßen Verwaltungsvorgang mit der Verweigerung des Eintrags als Taufpatin aus. Als Begründung gibt er an, dass die Taufpatin als Mitglied einer Amerikanischen evangelisch-reformierten Kirche kein Patenschaftsamt ausführen dürfe und somit nur als Taufzeugin eingetragen werden könne. Anschließende Bitt- und Beschwerdebriefe der Familie bis hoch zum Evangelischen Regionalverband prallten an den bürokratischen Betonköpfen der Kirchenleitung ab. „Offensichtlich dürfen Tendenzbetriebe willkürlich entscheiden was Recht und Unrecht ist. Das sind mittelalterliche Methoden, bei der selbst die Evangelen den päpstlichen Katholiken in nichts nachstehen", ärgert sich der Familienvater. „Wir werden nun noch mit unserem Anliegen bis zur Evangelischen Landeskirche Hessen-Nassau vordringen. Wenn das nichts mehr nutzt, dann werden wir allesamt aus der Amtskirche austreten und uns freikirchlich organisieren", gibt die Mutter der sieben getauften Kinder an. „Es kann doch nicht sein, dass die Kirchen, die allesamt den Anspruch formulieren, sich auf Jesus Christus zu berufen, in bessere und schlechtere Christen unterscheiden. Das hat meiner Meinung nach nichts mehr mit Glauben zu tun, sondern nur noch mit dem Erhalt überholter bürokratischer Machtstrukturen", erklärt die Taufpatin. Hier muss sich die Evangelische Kirche dem Vorwurf stellen, ein Gleichheitsprinzip verletzt zu haben, nämlich den gleichen Vorgang verwaltungstechnisch unterschiedlich zu behandeln. In der säkularen Welt wäre dies ein Fall für das Verwaltungsgericht. Die Kirche hat in dieser Hinsicht noch Aufklärungsbedarf gegenüber ihren Kirchensteuerzahlern. Freundlichkeitsbezogene

Kundenorientierung sieht irgendwie anderes aus, oder?

Verlorene Kindheit

Anlässlich verheerender Zahlen von Straßenkindern, Kindestötungen, Kindesmissbrauch, Gewalt an Kindern und Kinderverwahrlosung sind alle am Erziehungs- und Sozialisationsprozess beteiligten gesellschaftlichen Organisation in der Pflicht für Bedingungen im Umfeld von Kindern zu sorgen, die es Kindern ermöglichen angst- und sorgenfrei in kindgerechten Umständen aufzuwachsen. Doch Politiker aller Couleur handeln ausschließlich pragmatisch und strafen alle Eltern gleichermaßen mit ihren überhasteten Maßnahmen zum Schutze der Kinder und zur Gängelung verantwortungsbewusster Eltern ab, anstatt dort hinreichend alle gesetzlichen Mittel zu hundert Prozent auszuschöpfen, wo das Kind bereits in einem auffällig kinderfeindlichen Umfeld aufwächst und dort die Erwachsenen zur Rechenschaft zieht und die Kinder schützt.

In Deutschland sterben jedes Jahr Kinder an Misshandlungen und Verwahrlosung, weil Politiker, Familien, Jugendämter, Gerichte, Kindergärten, Schulen, Medien und Peer-Goups versagen. Politiker versagen, weil sie hauptsächlich an den Interessen der Wirtschaft interessiert sind anstatt an der Umsetzung einer humanistisch geprägten Sozialpolitik. Eltern versagen, weil sie zu sehr mit sich selbst beschäftigt sind. Jugendämter versagen, weil sie aufgrund finanzieller Erwägungen und mit dem KJHG[6] im Rücken Kinder bevorzugt in kaputten Familien belassen anstatt sie aus ihnen herauszuholen. Gerichte versagen, weil Richter ihre Urteile mit einem Auge auf Gutachten und mit dem anderen Auge auf ihre Beförderung stützen. Kindergärten versagen, weil sie für solche Fälle nicht genügend ausgebildet sind und an Kompetenzgrenzen stoßen. Schulen versagen, weil sie entsprechend der bürokratischen Vorgaben den Lerndruck weitergeben müssen. Medien versagen, weil sie sich hinter ihrer vermeintlichen überparteilichen Informationspflicht verstecken und insgeheim doch auf die Sensationsstory lauern. Peer-Groups versagen, weil es in der unverbindlichen Informationswelt keine verlässlichen Freundschaftsstrukturen mehr gibt. Dies sind zwar nur punktierte und stereotypisierte Beschreibungen eines komplexen Sachverhalts, aber bei näherer Betrachtung kämen noch ganz andere, weitere Ursachen für das Versagen gesellschaftlicher Gruppierungen zum Vorschein.

Der Tod und Misshandlungen von Kindern regen alle furchtbar auf. Plötzlich rennen sämtliche selbsternannten Verantwortlichen los und setzen sich hektisch und medienwirksam an runde Tische um übereilt scheinbar bzw. vermeintlich notwendige und in ihrer Wirksamkeit unüberlegte Handlungsstrategien in Ausschüssen und deren Untergremien entwickeln zu lassen. Am Ende kommen

---

[6]Kinder- und Jugendhilfegesetz (Sozialgesetzbuch 8)

aufgeblähte Wortblasen über die Lippen der Sozialsheriffs die beschwichtigend klingen, in der Sache nichts bewirken und an den Zuständen aller gesellschaftlichen Institutionen nichts verändern: Politiker werden weiterhin Wasserträger der Konzerne sein, anstatt der Wirtschaft die Augen für ihre Arbeitszeit- und Familienpolitik zu öffnen. Familien mit Kindern werden sich weiterhin mit den kinderfeindlichen Alltagssorgen herumplagen müssen, anstatt die notwendige Zeit für das vertrauensbildende Umsorgen ihres Nachwuchses aufbringen zu können. In Jugendämtern werden weiterhin Verwaltungsfachwirte und Sozialarbeiter mit unterentwickelter Sozialcourage sitzen, um bloß nicht gegen die Einsparpolitik ihrer Bosse oder gegen unsinnige Gesetze opponieren zu müssen und leiten diesen Frust weiter im mangelnden Engagement gegenüber ihren Schutzbefohlenen Kindern. In den Gerichtssälen werden weiterhin Richter ohne wirkliche Sachkompetenz sitzen, sie sich lieber auf von allen Beteiligten manipulierbare Gutachten stützen, um ohne großen zeitlichen Aufwand und inhaltlichen Widerstand in die nächst höhere Gehaltsgruppe zu gelangen, anstatt mit Eigeninitiative, Interesse, Menschenkenntnis und Sachkompetenz strukturelle Machenschaften von Tätern aufzudecken. In Kindergärten wird weiterhin bei blauen Flecken weggeschaut, weil man in diesen Etagen von der Angst beseelt ist, eventuell falsch reagiert zu haben, anstatt sich professionell in einem Gespräch mit

Eltern, Ärzten und Psychologen darüber zu informieren, in welchem Zusammenhang die einen oder anderen Blessuren zustande gekommen sein könnten. In Schulen werden sozialpädagogisch engagierte Lehrer weiterhin von ihren Kollegen und Vorgesetzten auf ihren Lehrauftrag hingewiesen und zurechtgestutzt, anstatt ihnen freiere Hand im Umgang mit potenziellen Problemfällen zu ermöglichen. Die Medien werden weiterhin lieber nach Schuldigen an Problematiken suchen und diese anprangern, weil es die Verkaufszahlen erhöht, anstatt sich über die eigene Rolle im Aufklärungsprozess bezüglich der Ursachen für Verbrechen an der Kindheit Gedanken zu machen. Die Peer-Group wird weiterhin lediglich an der Aneignung aktueller Modeerscheinungen interessiert sein, anstatt echtes und verantwortungsbewusstes Interesse an Freundschaften zu entwickeln. Die von hilflosen und lebensfremden Politikern zur Legitimation ihrer eigenen Macht installierte sinnlose Kindervorsorgeuntersuchung wird weiterhin rechtschaffende Eltern mit schriftlichen Untersuchungseinladungen wie Schwerverbrecher gängeln und inkompetenten oder kriminellen Eltern in der Zeit zwischen den einzelnen Us die Gelegenheit generieren, ihre Kinder munter weiter zu schänden und für die jeweilige kinderärztliche Untersuchung entsprechend zu präparieren, nur damit hier nichts Auffälliges zum Vorschein kommt. Dabei würde ein Umdenken bezüglich der herrschaftlich-hierarchischen Gesellschaftsstrukturen in öffentlichen Amtsstuben und Firmen bereits merklich dazu beitragen, dass Eltern in einem kombinierten leistungs- und bedarfsorientierten beruflichen und privaten Selbstbestimmungsprozess wesentlich mehr konstruktive Ressourcen für das Aufziehen ihrer Kinder aufbringen könnten, ohne auf Konkurrenzdenken basierenden Versagensängsten oder ein durch Leistungsdruck entstandenes Burn-Out mit ihren vertrauenszerstörenden Folgen. Wären die Menschen aller gesellschaftlicher Bereiche bereit, mehr von ihrem Kontroll- und Leistungszwang gegen eine auf gegenseitiges Vertrauen aufbauende gesunde Gelassenheit einzutauschen, dann würden von dieser neuen spirituell-konstruktiven Haltung auch unsere Kinder in ihrer geistigen, körperlichen, emotionalen, sozialen und moralischen Entwicklung profitieren.

Aber leider werden sich die bestehenden gesellschaftlichen Strukturen mit ihrer kalten Kommunikations- und Interaktionsstruktur so schnell nicht ändern, weil die Menschen nicht bereit sind, Besitzstände und Macht mit anderen zu teilen oder gar an andere abzugeben. Und so werden in Deutschland weiterhin Kinder an Misshandlungen und Verwahrlosungen seelisch und körperlich sterben. Risikowissenschaftler sprechen dann von Restrisiko, damit sich am Ende niemand wirklich verantwortlich für diese missliche Lage fühlen muss. Armer Nachwuchs mit verlorener Kindheit!

Wachstumswahn!

Seit der Industrialisierung spukt ein Unwesen in der Welt herum. Es hat das Antlitz des Irrglaubens und das Verhalten eines Wahnsinnigen. Dessen Name liegt in aller Munde und lautet „Wachstum“. Es ist Fluch und Segen zugleich. Segen für die, die davon profitieren, Fluch für diejenigen, die darunter leiden müssen. Das Wachstum ist die wackelige Grundlage der materiellen Existenz in der Welt. Doch wenn alle Menschen daran glauben, kann doch daran eigentlich nichts falsch sein, oder?

Kennen Sie das unumstößliche Naturgesetz, dass alles was geboren wird, irgendwann einmal sterben muss? Der Mensch wächst, lebt und stirbt – eine Binsenweisheit also! Niemand kann sich diesem Prozess entziehen. Nur die Wirtschaftswissenschaftler und Abergläubige aus anderen wissenschaftlichen und pseudowissenschaftlichen Lagern sind der irrigen Ansicht, das Ewige Leben sei allein durch unendliches Wachstum zu erreichen. Selbst ein Rückgang wird dann noch in zwanghaft positiver Manier „Negatives Wachstum“ genannt. Oder Stillstand avanciert stilvoll zu „Stagnierendem Wachstum“. Und sogar die Werbung propagiert ohne Unterlass aus allen Rohren: größer, schneller, weiter, besser damit das Gefühl der inneren Leere stets anwächst und der Mensch, anstatt selbständig und konstruktiv zu Denken, lieber im Kaufrausch das Denken den gierigen Profiteuren überlässt. Aber auch Pädagogen sprechen im Jargon der technokratischen Qualitätsmanager vom Lebenslangen Lernen als professioneller Garant für individuell-berufliches Wachstum, gar so als gebe es nichts anderes mehr im Leben als wachsen, wachsen, wachsen und nochmals wachsen! Doch wohin? Das Einzige was bei diesen pathologischen Allmachtsallüren wirklich wächst ist der gesunde Unmut aller Rechtschaffenden gegenüber dem Wachstumswahn mitsamt seinen unsinnigen Begleiterscheinungen wie Nahrungsmittel- und Müllberge, Überflussproduktion auf Halde, Besitztümer in mehrfacher Ausführung und der Sucht nach immer mehr bis hin zur Selbstzerstörung. Es ist der Irrsinn einer Gesellschaft, die nach dem unumstößlichen Prinzip lebt, alles auf Kredit kaufen zu können, ohne dafür einen realen Gegenwert schaffen zu müssen, um die Schulden auch wieder begleichen zu können. Es ist die Mentalität des Sankt-Florianprinzips: Nach mir die Sintflut. Die Rechnung der ökonomischen und ökologischen Hybriskatastrophe bekommen dann unsere Kinder präsentiert: Teuerungsraten, Inflation, Massenarbeitslosigkeit, Deflation, Regression, Depression, Armut, Unruhen, Despektierlichkeit, Massenfluchten, Kriege. Der eigentliche Irrsinn dabei besteht darin, dass die Mehrheit der Menschen dieses ökonomische Prinzip des unendlichen Wachstums unreflektiert und wie die Lemminge mitmachen. Das diesem Denken zugrunde liegende Zerstörungspotenzial erinnert sehr stark an die Kriegsmentalität der Soldatenmasse von 1914, die mit wehenden Fahnen in ihren Untergang gezogen ist. Und gerechtfertigt wird diese omnipotente Haltung mit den Killerhinweisen, dass man ja nicht mehr wie im Mittelalter leben wolle, den bestehenden Lebensstandard verteidigen müsse, die Entwicklung nicht aufhalten könne, Arbeitsplätze und Standorte erhalten werden müssten, Nachhaltigkeit erzeugt würde und überhaupt seien alle anderen Ansichten gegen den Trend unnütze Tagträumereien. In der Zwischenzeit dürfen die Wachstums-Realisten dieses Planeten munter die Regenwälder abholzen, Dissidenten einsperren und zum Schweigen bringen, Völker mit Kriegen traktieren, unzählige Tiere zum Verzehr abschlachten, die Luft mit Emissionen und die Gewässer mit Öl und Chemie verpesten, die Menschen mit Bürokratie gängeln, die Erde und den Orbit mit Schrott verdrecken, den Boden mit ihren Riesenbaggern ausbeuten, die Menschheit mit Krankheiten überziehen, die Nahrung vergiften, den Geist mit Werbung und Privatfernsehen verdummen und die Freiheit des Einzelnen mit ihren Trends, Gesetzen und Grenzen beschneiden. Und am Ende werden wir nach unzähligen unbeantworteten Fragen auch unsere Kinder darüber belehren, dass das Leben ebenso sei und man an der Situation eben nichts ändern könne. Wie gesagt: zuletzt wachsen der Unmut und der Widerstand. Denn der im philosophischen Sinne denkende Mensch will nicht gesagt bekommen dass er zum Preis der Identitätsverleugnung mit seiner Umgebung bis zur Spitze der Selbstzerstörung wachsen soll, sondern er will konstruktiv und friedensstiftend wachsen im Rahmen seiner Selbstbestimmung sowie gleichermaßen in progressiver und konservativer Koexistenz mit seiner Umwelt.

Schulpflichtfolgen

Seit der Einführung der Schulpflicht in den 20ger Jahren des 20. Jahrhunderts haben die Industriestaaten diese unreflektiert zum Segen der Menschheit stilisiert. Unter der Prämisse der industriell bedingten Armutsbekämpfung bereitet der Staat die Kinder zu arbeitsfähigen Untertanen vor. Doch was die staatlich verordnete Lernpflicht in Schulen mit dem freigeistigen Potenzial der Kinder macht, das wird von den Erwachsenen – die selbst arbeitsangepasste Untertanen sind – bereitwillig hingenommen. Was genau macht eigentlich die Schulpflicht mit unseren Kindern?

1. Löschen der Lebensfreude

Kinder bringen von Haus aus eine unbändige Lebensenergie mit, die sie über ihre lebendige Neugier, ihre Fantasie, Kreativität und ihrem Bewegungsdrang zum Ausdruck bringen. Schule löscht diese Lebensfreude mit Strenge, Regeln, Vorschriften und Bestrafungen und ersetzt sie durch freudloses Anpassungsverhalten.

2. Entfremdung vom Selbst

Kinder leben von Geburt an sich selbst. Sie entwickeln sich selbst. Sie erleben sich selbst. Sie erfahren sich selbst. Sie treffen alle Entscheidungen selbst. Sie führen sich selbst. Sie können alles selbst. Sie lernen aus sich selbst heraus. Schule schafft das Selbst des Kindes systematisch ab, in dem sie das Selbst zum Zweck der Anpassung bewertet, beurteilt, sanktioniert und die Selbstständigkeit ersetzt durch Fremdhörigkeit.

3.   Nähren der Angst

Kinder sind von Grund auf nicht mit Angst ausgestattet. Sie leben Impulse frei, mutig, sorglos und voller Zuversicht. Dabei entwickeln sie ein natürliches Verhältnis zur Vorsicht. Schule pflanzt Kindern die normativ geprägte Angst ein, in dem sie 1. jegliches kindliches Verhalten mit Gefahren in Verbindung setzen (z. B. übertriebener Jugendschutz) und 2. vermeintliches Fehlverhalten mit Strafandrohungen unterbinden (z. B. Impulsunterdrückung).

4.   Unterdrückung durch Gewalt

Kinder sind von Anbeginn an im Grunde ihres Herzens gewaltlos. Sie leben eine natürliche Friedfertigkeit und lösen ihre Konflikte direkt, konkret, sanft und mit einem Gespür für Kompromisse. Schule und ihre Strukturen basiert auf Gewalt, durch Schulpflicht, Regelwerke mit Strafandrohung sowie durch Lehrer, die Kinder beleidigen, diffamieren und bloßstellen.

5.   Demotivation durch Leistungsdruck

Kinder entwickeln sich ohne Druck von außen ganz von selbst. Sie lernen was sie benötigen, sie informieren sich worüber sie wollen, sie tun etwas aus eigenem Antrieb und nehmen sich die notwendige Zeit für ihr inneres und äußeres Wachstum. Schule hemmt den intrinsisch motivierten Entwicklungsprozess durch zeitliche Taktung des Lernprozesses, durch punktierte Leistungsabfragen und demotiviert dadurch Lernen durch extrinsischen Leistungsdruck bis hin zum Versagen der Mitarbeit.

6.   Manipulation des Familienlebens

Kinder wachsen in einer natürlichen soziologischen Gruppe, nämlich einer Familie mit Nestwärme, Stabilität und Ressourcen auf. Hier erfahren sie Vertrauen, Verlässlichkeit und Sicherheit für die Entwicklung ihres eigenständigen Lebens. Schule zersetzt den familiären Schonraum durch Schulverhältnisverordnungen wie z. B. Hausaufgabenpflicht, Entschuldigungsverpflichtung oder sie attestiert Eltern Erziehungsunfähigkeit und introjiziert somit Zwietracht im elterlich-kindlichen Bindungsverhältnis.

7.   Desillusionierung von Lebensperspektiven

Kinder wachsen mit Träumen, Wünschen und Fantasien, auch über die Entwicklung ihres eigenen Lebens auf. Es wird ausprobiert, experimentiert und exploriert, ganz nach eigener Neugier, eigenem Stauen und eigenem Interesse. Schule desillusioniert Wunschvorstellungen von Kindern, in dem sie ihre Lebensperspektiven in gesellschaftlich erforderliche Berufsnotwendigkeiten zwängt.

8. Psychosomatische Leiden

Kinder sind von Geburt an gesund, mit Immunität ausgestattet und verhalten sich instinktiv präventiv gesundheitserhaltend. Fehlverhalten wird selbstständig reguliert und in kognitive, affektive und psychomotorische Homöostase gebracht. Schule erzeugt durch ihre Regelstrukturen (z. B. Sanktionierungen) und Lehrermacht (z. B. Mobbing) Stress bei Kindern mit den Folgen von psychosomatischen Begleiterscheinungen (z. B. Schulversagen, Schulunlust).

Die Liste ist um bestimmte Aspekte erweiterbar wie Behinderung des Bewegungsdrangs, Verkümmerung der Kreativität, Dezimierung der Neugier oder Eliminierung echten Interesses und Übernahme kranker Systemstrukturen. Die Folgen der Schulpflicht sind allesamt negativer Natur. Alle vermeintlich positiven Aspekte wie soziales Lernen, Bildungschancen oder Verselbständigung zur gesellschaftlichen Teilhabe etc. sind Augenwischerei einer politischen Kaste, die Kinder lediglich zum Zwecke der Anpassung an die Arbeitswelt mit der Schulpflicht knechtet. Daher plädieren wir für die Abschaffung der Schulpflicht und für die Einführung einer freiwilligen Bildungsmöglichkeit bei freier Wahl des kostenlosen Bildungsweges. Und solange das nicht umgesetzt ist, wählen wir unseren eigenen Weg, um unsere Kinder frei zu bilden.

Ist die Schule gesetzeswidrig?

Völlig unabhängig davon, dass Schulen – wie sie selbst in ihren Konzepten anpreisen – im besten Fall die Voraussetzungen dafür schaffen wollen, damit junge Menschen tatsächlich ihre Persönlichkeit entfalten und von ihren Grundrechten Gebrauch machen können, ist zu beachten, dass die Verpflichtung, über einen erheblichen Zeitraum hinweg eine Schule zu besuchen, sich am Unterricht zu beteiligen und Prüfungen abzulegen, gleichzeitig einen erheblichen Eingriff in die Grundrechte der Schüler beinhaltet und dass das durch Art. 6 des Grundgesetztes (GG) geschützte Erziehungsrecht der Eltern nicht ohne Weiteres mit dem in Art. 7 GG vorausgesetzten und in den Landesverfassungen und Landesschulgesetzen definierten Erziehungsanspruch der Schulen in Einklang steht.

Die Schule in ihrer derzeitigen Form fußt demnach auf einer gesetzlichen Widerspruchzone, an die sich anscheinend niemand so richtig herantraut, weil allein der Gesetzgeber entscheidet, was Recht ist und was nicht. Warum ist das so?

Die Schule ist von der Staatsorganik mitsamt ihrer Gewaltenteilung der Exekutive zuzuordnen analog der Institution Polizei. Die Schulen setzen die jeweiligen landesbezogenen Schulgesetzte mit Bezug zur Schulpflicht um. Das heißt, die Schule hat mit diesem Status das Recht, Menschen zur Schule zu zwingen und Schulverweigerern dem Staat respektive der Schule zuzuführen, notfalls mit Amtshilfe durch Jugendamt, Familiengerichtsbarkeit und Polizeigewalt.

Demgegenüber steht das Bürgerliche Gesetzbuch mit seinem Paragraphen 1631 „Inhalt und Grenzen der Personensorge" (in seiner aktuell gültigen Fassung):
(1) Die Personensorge umfasst insbesondere die Pflicht und das Recht, das Kind zu pflegen, zu erziehen, zu beaufsichtigen und seinen Aufenthalt zu bestimmen.
(2) Kinder haben ein Recht auf gewaltfreie Erziehung. Körperliche Bestrafungen, seelische Verletzungen und andere entwürdigende Maßnahmen sind unzulässig.
(3) Das Familiengericht hat die Eltern auf Antrag bei der Ausübung der Personensorge in geeigneten Fällen zu unterstützen.

Im Grunde haben Eltern das Recht, den Aufenthalt ihres Kindes zu bestimmen. Das steht diametral dem staatlichen Recht der Schulzuführung des Kindes gegenüber. Weiterhin darf das Kind nicht mit Gewalt erzogen werden. Das steht ebenso diametral der Schulzuführung des Kindes gegenüber. Und zuletzt muss der Staat Eltern bei der Ausübung ihrer Erziehung unterstützen, daher müsste ein Gericht der Schule verbieten, Kinder der Schule zuzuführen.

Alles in Allem kann man festhalten, dass die Schulpflicht illegal ist, oder ist der §1631 BGB etwa illegal?

Ein derzeit scheinbar unlösbares Dilemma.

Doch der Staat hat für solche Fälle gesetzlich vorgesorgt: Im Falle der Schulverweigerung durch die Eltern, entzieht der Staat via Jugendamt und Familiengericht aufgrund der Argumentation einer drohenden Kindeswohlgefährdung durch die Verhinderung einer Chancengleichheit den Erziehungsberechtigten die elterliche Sorgeberechtigung und damit einhergehend auch das Aufenthaltsbestimmungsrecht für den Bereich Schule. Nun müsste das Jugendamt als Sorgeberechtigte das Kind täglich zur Schule bringen. Im Härtefall wird das Kind aus der Familie in eine staatliche Pflegschaft gegeben, die das Kind der Schule zuführt. Die Frage die sich hier allerdings stellt ist die, ob der Staat grundsätzlich Gewalt im Sinne des § 1631 BGB gegen Kinder anwenden darf. Das darf er eben nicht, selbst als Eigner der Gewalt, die er jedoch nur zur Gefahrenabwehr einsetzen darf. Darin steckt nun ein gesetzliches Dilemma.

Im zweiten Fall einer gewaltfreien Erziehung sieht die Rechtslage schon ganz anders aus: Hier sind nicht die Eltern die treibende Kraft für die Schulverweigerung, sondern das Kind selbst entscheidet für sich, nicht mehr zur Schule gehen zu wollen beispielsweise mit der Argumentation der Schulgewalt durch Institution und Lehrer und den damit einhergehenden psychosomatischen Beschwerden wie Bauchweh, Kopfweh etc. und psychischen Folgen wie Schulunlust, Schulangst und Schulmüdigkeit. Hier entscheiden also nicht die Personensorgeberechtigten, ob das Kind in die Schule gehen will oder nicht, sondern das Kind selbst. Nun dürfen nach der Rechtslage BGB §1631 Personensorgeberechtigte keine Gewalt gegenüber Kindern walten lassen, also zwingen Eltern in Folge dessen ihre Kinder nicht, in die Schule gehen zu müssen. Hier befinden wir uns demnach in einer legitimen Rechtslage: Keine Gewalt gegen Kinder, also muss das Kind auch nicht zur Schule. Argumentiert hier der Staat mit einer Kindeswohlgefährdung, kann man dementgegen ebenso mit einer Kindeswohlgefährdung durch den Staat, hier die Schule und ihre Gewaltanwendung gegen das Kind und den hieraus resultierenden körperlichen und psychischen Gesundheitsfolgen, argumentieren. Man sieht, auch hier steckt man von der Gesetzeslage wieder in einem Dilemma.

Und im dritten Punkt der gerichtlichen Unterstützung der Eltern bei Ihrer Sorgeberechtigung lässt sich sehr leicht das Drama der Gesetzgebung darstellen: Das Jugendamt ruft bei Schulpflichtverletzungen das Familiengericht bei einer drohenden Kindeswohlgefährdung durch die Erziehungsberechtigten an. Die Eltern rufen das Familiengericht zur

Unterstützung ihrer Sorgeberechtigung bzgl. der Schulverweigerung durch das Kind an. Das Jugendamt will, dass das Kind in eine kindeswohlgefährdende Schule geht, das Kind will aber in keine durch Gewalt krankmachende Schule gehen. Wer hat hier nun Recht? Im Zweifel doch wohl das Kind, oder?

Hier wird deutlich, dass die Landesschulgesetze dringend einer Novellierung bedürfen, uns zwar zum Wohle des Kindes und nicht zum Wohle des Staates!

Trainingsraumkonzept und Gewalt an der Schule

Es entwickelt sich eine ganz neue Schwarze Pädagogik an deutschen Schulen mit landläufig geduldeter Lehrergewalt.

Zur Information über einen sogenannten Trainingsraum: Hier werden Kinder eingepfercht, die im Unterricht stören. Ein klassischer Rauswurf mit Internierung.

Hier ein Auszug aus einem Trainingsraumkonzept einer Gesamtschule im Vogelsbergkreis:

„Das Neue an diesem Programm ist, dass die Schüler systematisch auf Regelverstöße hingewiesen werden, um ihnen diese bewusst zu machen. Es werden klare Grenzen gesetzt und bei Überschreitungen wird konsequent reagiert. Die Kinder haben dann die Wahl und müssen dafür die Verantwortung tragen: Sie können ihr Verhalten ändern und am Unterricht teilnehmen oder für diese Stunde den Unterricht verlassen, um in einem besonderen Raum – dem Trainingsraum – einen Plan zu erstellen, wie sie in Zukunft ohne zu stören am weiteren Unterricht teilnehmen können. Falls ein Schüler oder eine Schülerin dreimalig den Trainingsraum besucht oder sich weigert in den Trainingsraum zu gehen, muss dieses Kind von den Eltern aus der Schule abgeholt werden und darf erst am Unterricht teilnehmen, wenn ein Gespräch mit dem Klassenlehrer! der Klassenlehrerin, einem Schulleitungsmitglied und den Erziehungsberechtigten stattgefunden hat."

Ein Elternpaar hat die katastrophale pädagogische Entwicklung entdeckt und darauf mit einem Brief reagiert:

Sehr geehrte Damen und Herren,

mit Bezugnahme auf Ihre Elterninformation zum „Trainingsraumkonzept" (siehe unten) teilen wir Ihnen mit, dass wir den Erziehungsauftrag der Schule in Form des Hinweises unserer Kinder zur Einhaltung des von Ihnen aufgestellten Regelwerkes nicht unterstützen werden, weil wir das von Ihnen beschriebene „Trainingsraumkonzept" in dieser Weise pädagogisch nicht befürworten.

Begründung:

1.   Grundsätzliches:
Als Erziehungsberechtigte haben wir grundsätzlich nichts gegen das von der Uno verbriefte Recht des Menschen auf Bildung. Insofern billigen wir selbstverständlich für unser Kind das Recht auf Lernen. Parallel hierzu gestehen wir unserem Kind ebenso die von der Uno formulierten Rechte des Schutzes vor Diskriminierung und Gewaltfreier Erziehung zu. In dem von Ihnen geforderten Regelwerk besteht jedoch ein Widerspruch zwischen den

beiden normativen Konventionen, da das Regelwerk sowohl diskriminierende (Ausschluss vom Bildungsprozess) als auch gewaltbezogene Aspekte (Wegsperren in einen Trainingsraum) beinhaltet.

2. Vertragshegemonie:

A) In Ihrer Elterninformation weisen Sie zu Beginn auf die Zielsetzung zur Erziehung zu Eigenverantwortlichkeit und Selbständigkeit von Schülern hin. Sie legen jedoch in Ihrem Dokument die Regeln eigenmächtig fest, ohne Mitwirkung von Schülern an der Entstehung des Regelwerkes. Dies widerspricht Ihrer pädagogischen Zielsetzung der Eigenverantwortlichkeit und Verselbständigung von Schülern. Die Regeln wurden nicht in einem demokratischen Verfahren aufgestellt, sondern sind bereits von Ihrer Institution oktroyiert.

B) Zu Verträgen gehören laut Bürgerliches Gesetzbuch (BGB) mindestens zwei Vertragspartner. Sie sprechen in Ihrer Elterninformation von Erziehungspartnerschaft. Eine Partnerschaft impliziert gemäß Definition das in gegenseitiger Gleichberechtigung ausgehandelte Miteinander. Wir wurden als Eltern am Entstehungsprozess des Regelwerkes nicht mit eingebunden, so dass von einer Erziehungspartnerschaft nicht die Rede sein kann.

3. Lern- und sozialpsychologische Aspekte:

A) Lernpsychologisch transportieren Störungen im Unterricht eine wichtige Lerninformation, nämlich die der Aufmerksamkeitsverarbeitung. Grundsätzlich liegen Störungen immer ursächlich entweder im psychosozialen Umfeld des Individuums oder im Lernumfeld der Schule begründet. In beiden Fällen sind Störungen Symptome, die darauf hinweisen, dass entweder ein Problem des Individuums oder ein Problem des Lehrsettings (Unterrichtsmethode, Lehrerverhalten etc.) vorrangig bearbeitet werden muss. Nach der Themenzentrierten Interaktion (TZI) haben Störungen stets den Vorrang der Bearbeitung im Unterricht. Dies ist eine pädagogisch sinnvolle Methode, Schülern mit ihren Belangen wertschätzend zu begegnen und Störungen durch Aufmerksamkeit zu bearbeiten, letztendlich aufzulösen und präventiv zu vermeiden. Stattdessen greifen Sie mit Ihrer Trainingsraumkonzeption auf altbewährte Konzepte aus der modernen Zeit zurück, nämlich dem Konzept der Bestrafung durch Suspendierung vom Unterricht durch Wegsperren und Abholung. Das widerspricht allen modernen pädagogischen Erkenntnissen eines konstruktiven Unterrichts mit dem Ziel der Freude am Lernen zur Erlangung von notwendigen Lernkompetenzen als Teilbereich der Lebenskompetenz.

B) Wissenschaftliche Untersuchungen mit neurowissenschaftlichen Hintergrund weisen seit mehreren Jahren darauf hin, dass Lernen im Limbischen System des Gehirns mit Emotionen verbunden wird und ein maximaler Lernerfolg dann als gesichert betrachtet wird, wenn die Lerninformationen mit Lernsituationen verbunden werden, die den Lernenden Freude bereiten, also mit Spaß, Lob und Ermutigung verknüpft werden. Bestrafungen lösen neuronal im Limbischen System Frustration, Ablehnung und Demotivation beim Lernen aus. Ihr Konzept basiert auf der Antipädagogik der Sanktionierung. Daran ändert auch der von Ihnen geäußerte gute Wille zur Übernahme von Eigenverantwortung bei Regelverstoß nichts, weil er lernpsychologisch nicht zur Einsicht von eigenem Fehlverhalten führt, sondern lediglich dazu beiträgt, die Exekutive der Sanktionierung zu verurteilen, nämlich den/die Lehrer/in. Negative Emotionsübertragung durch Sanktionierung ist kein postmodernes pädagogisches Konzept, sondern gehört in den Bereich schwarzer Pädagogik. Hier ist vielmehr Verständnis- und Vertrauensarbeit gefordert zur Steigerung von Freude und Motivation am Lernen.

C) Sozialpsychologisch läuft Ihr Konzept in die falsche Richtung und fördert Mobbing unter den Schülern. Denn auf der Ebene der Diskriminierung durch

Unterrichtsverweis und Verbannung werden Schüler untereinander die Statusregulation unbegleitet aushandeln und die sogenannten Störer auszugrenzen versuchen. Dies hat in der letzten Konsequenz erneute Störungen zur Folge, die wieder mit Sanktionierungen geahndet werden und somit den Mobbing-Störungs-Kreislauf spiralförmig anheizen. Dies kann in lerntheoretischer Hinsicht nicht zielführend sein, aus Menschen unsoziale Wesen zu machen.

4.   Pädagogische Konsequenzen:
Pädagogik ist die Kunst der Erziehung und Bildung mit dem Ziel, Menschen zu Eigenverantwortlichkeit und Selbstständigkeit hin zu führen. Konzepte, die auf Diskriminierung und Gewalt basieren, sind berufsethisch nicht akzeptabel. Das Konzept des Trainingsraums macht pädagogisch nur Sinn, wenn Störungen selbst zum Unterrichtsthema gemacht werden. Alle, Schüler wie Lehrkörper, wären daran beteiligt und könnten am Prozess der Entstörung des Unterrichts teilhaben. Sogenannte Störer hätten ihre Plattform und die Gestörten ebenso. Durch die Störungsthematisierung könnte in einem konstruktiven Auseinandersetzungsprozess gelernt werden, mit gegenseitigem Respekt auf seine Lernbedürfnisse hinzuweisen. Zu lernen, mit Störungen umzugehen, sie zu bearbeiten und auszuhandeln ist letztlich ein Lernprozess, der aus Schülern Menschen mit Lebenskompetenzen

macht. Und das ist doch was Sie eigentlich wollen, oder?

5. Fazit:
Lernen ist ein ganzheitlicher Prozess, der auch den Umgang mit Störungen zum Lerninhalt hat. Restriktive Maßnahmen im Umgang mit Störungen sind Methoden aus der Vergangenheit. Konstruktive Methoden sind postmodern und noch nicht ins Bewusstsein von Lehrern gelangt. Fortbildungen in „Konstruktiven Unterrichtsmethoden" wäre ein Schlüssel, um das Thema Störung neu zu bewerten.

Wir können Ihr Trainingsraumkonzept mit den gut gemeinten Zielen, aber mit den althergebrachten Methoden, nicht unterstützen.

Daher werden wir unsere Kinder weiterhin darin stärken, selbstbewusst ihre eigenen Bedürfnisse auch in Lernprozessen zu äußern. Im Notfall natürlich auch gegen die Interessen der Lehrer, falls diese nicht zum Wohle der Kindesentwicklung geschehen sollte.

6. Persönliche Konsequenz:
Wir verweigern Ihnen die Zustimmung zur Durchführung dieses Konzeptes bei unseren Kindern. Sie werden von keinem Ihrer Lehrkörper in keiner Weise in einen sogenannten Trainingsraum „verbannt". Konflikte und Störungen, die nachweislich durch unsere Kinder verursacht werden, sollen, nach unserem Verständnis der Konfliktaufarbeitung, sofort

und unmittelbar geklärt werden, ggf. auch durch ein klärendes Gespräch mit uns und Ihnen.

Des Weiteren haben wir in Erfahrung gebracht, dass es sogenannte Kollektivstrafen durch Zusatzaufgaben für die ganze Klasse bei ungebührlichem Verhalten gibt. Wir sind entsetzt über solche Methoden, die noch aus den Nachkriegszeiten stammen. Wir weisen in diesem Zusammenhang vorsorglich darauf hin, dass wir diese Zusatzaufgabe bei unseren Kindern verweigern werden, sofern die Störung nicht nachweislich durch sie mit verursacht wurde.

Wir bedauern, Ihnen einen solchen Brief schreiben zu müssen, aber in Anbetracht der pädagogischen Entwicklung an ihrer Schule fühlen wir uns hierzu verpflichtet, Sie auf diese pädagogische Fehlentwicklung hinzuweisen.

Mit freundlichen Grüßen
Äußerst besorgte Eltern

*

Das alltägliche Gewaltverhalten von Lehrern offenbart sich dabei auf diese Weise:

Wenn Lehrer zu Machtmonstern werden.

Es ist ganz normaler Schulwahnsinn, dem unsere Kinder täglich gezwungenermaßen ausgesetzt sind. Kinder sind in der Schule wie in einem Gefängnis weggesperrt und wir Erwachsenen bekommen nicht mehr mit, wie die Gefängniswärter alias Lehrer minder wertschätzend mit unseren Kindern umgehen. Da wird gedroht, es wird bestraft, die Kinder werden angeschrien, sie werden diffamiert und permanent unter Druck gesetzt. Kommt ein Kind im Unterricht nicht mit und kann daher seine Hausaufgaben nicht machen, weil es den Stoff nicht verstanden hat, dann werden sie von Lehrern bestraft mit Strichen, schlechten Noten und Nachsitzen. Das ist Gewalt und Freiheitsberaubung. Und wir Erwachsenen schauen seelenruhig zu. Hat ein Kind seinen Ranzen im Klassenraum stehen gelassen, obwohl die Klasse in einem anderen Klassenraum ein anderes Fach hat, so werden sie von Lehrern schikaniert, in dem sie den Raum nicht aufschließen und sagen: „Da hast du aber nun Pech gehabt". Es werden in mehreren Fächern mehrere Arbeiten in einer Woche gleichzeitig geschrieben, an manchen Stellen sogar zwei Arbeiten am Tag, als hätte das Schulhalbjahr keine 16 Wochen Zeit diese Arbeiten sinnvoll zu verteilen: Da müssen Kinder Lernstoffe an den Wochenenden aufarbeiten, als gäbe es die Unterrichtszeiten nicht dafür, gleichzeitig müssen sie Hausaufgaben machen und Referate vorbereiten – alles gleichzeitig. Das ist Überforderung pur. Kein Erwachsener hat so viele Arbeitsstunden wie ein Kind in der Schule. Wenn das Pensum nicht erreicht wird vom Schüler, dann wird das Kind vom Lehrer als dumm bezeichnet und dafür belobigt, entweder das Schuljahr oder gar den Abschluss nicht zu schaffen. Das sind überaus motivierende Worte, um Schüler systematisch einzuschüchtern. Die Schulranzen sind übermäßig schwer und drücken auf die Schultern, den Nacken und auf das Rückgrat unserer im Wachstum befindlichen Kinder; die Gelenke werden übermäßig belastet, Schmerzen und Haltungsschäden werden als Kollateralschaden ignorant zur Kenntnis genommen und sogar noch mehr Unterrichtsmaterialien in die Schultaschen gestopft, damit die Kinder in sechs bis 10 Stunden Unterricht bloß alle Arbeitsmaterialien dabei haben – der Lehrplan muss ja auf Biegen und Brechen unserer Kindergesundheit durchexerziert werden. Die Kinder kommen weinend nach Hause, sie zeigen Symptome der Angst vor den Lehrern, sie haben Bauch- und Kopfschmerzen, Versagensängste und sie entwickeln in Folge dessen eine Schulaversie via Schulverdrossenheit und Schulunlust. Wir finden ein Herr voller Lehrer vor, die weder wertschätzend mit unseren Kindern umgehen, noch im Sinne des Empowerments, fördernd unseren Kindern gegenübertreten und schon gar nicht das Berufsethos der Kinderliebe mitbringen. Lehrer sind ein Volk voller machtgieriger Bürokraten, Misanthropen und eitler Egomahnen ohne jeglichen Sinn für Würde, Wertschätzung oder Liebesfähigkeit.

Was ist passiert, dass man zu einem solch vernichtenden Rundumschlag der Lehrerbeurteilung kommt? Hierzu ein Beispiel, das für unzählige Vorfälle seit Anbeginn der Schulpflicht steht:

Ein 10-jähriger Schüler der fünften Klasse einer Gesamtschule kommt in Mathematik nicht mit, weil der Lehrer zu schnell unterrichtet und den Kindern keine Chance der Nacherklärung gibt. Das hat zur Folge, dass mehrere Schüler dem Unterricht nicht mehr folgen können und somit die Hausaufgaben nicht erledigen können. Ein Schüler teilt dem Lehrer mit, dass er den Stoff nicht verstehe. Der Lehrer in seiner grenzenlosen pädagogischen Weisheit schnauzt den Jungen an mit der Bemerkung, dass er sich eben irgendwoher den Stoff aneignen soll. Daraufhin kommt der Junge regelmäßig ohne Hausaufgaben in die Schule. Dem Lehrer fällt nichts Besseres ein, als dem Jungen für jede vergessene Hausaufgabe einen Strich ins Klassenbauch einzutragen verbunden mit der Drohung, dass der Junge in einen sogenannten Trainingsraum (das ist ein Raum, in dem unartige Kinder eingesperrt werden, um über ihr Fehlverhalten nachzudenken oder aber nachsitzen müssen) gesperrt werde und im schlimmsten Falle müsse er die Eltern über die fehlenden Hausaufgaben benachrichtigen. Das hat dem Jungen allerdings auch nicht weitergeholfen und er kommt zum fünften Male ohne Hausaufgaben in die Schule. Der Lehrer zückt ein Formular mit dem Hinweis für Eltern, dass der Sohn fünf Mal hintereinander die Hausaufgaben nicht gemacht habe; auf dem Zettel steht außerdem die Aufforderung drauf, dass die Eltern den Zettel unterschrieben an ihn zurückgeben wollen. Die Eltern, die auf dem Standpunkt stehen, keine Handlanger der Schule zu sein und sich daher nicht für die Hausaufgaben der Schule verantwortlich zeichnen, unterzeichnen dieses Formular nicht und schreiben dem Lehrer folgendes auf dieses Formular zurück: „Sehr geehrter Mathelehrer, für die Hausaufgaben sind wir als Familie nicht zuständig, dies ist ausschließlich Schulangelegenheit. Setzen Sie daher bitte fördernde pädagogische Mittel ein, um adäquat auf die Hausaufgabenproblematik unseres Sohnes zu reagieren." Als der Junge am nächsten Tag von der Schule nach Hause kam, teilte er mit, was der Lehrer auf dieses Schreiben ihm gegenüber geäußert habe: „Ich habe ein geeignetes Mittel gefunden. Dann wirst du eben nachsitzen!"

Die Eltern, sichtlich konsterniert, schreiben entrüstet dem Lehrer folgenden Brief:

„Sehr geehrter Herr Lehrer B.,

uns ist heute über unseren Sohn zu Ohren gekommen, dass Sie auf unsere Nachricht vom Vortag bzgl. der Hausaufgaben mitgeteilt haben sollen, dass Sie sich zu den von uns geforderten fördernden pädagogischen Mitteln zur Reaktion auf die von Ihnen beschriebene

Hausaufgabenproblematik geäußert haben
sollen, dass sie sich etwas haben einfallen
lassen, nämlich, dass unser Sohn bei fehlenden Hausaufgaben künftig nachsitzen solle.

Hierüber drücken wir unser Entsetzen aus,
mit welcher minder wertschätzenden ethischen Haltung Sie ihr pädagogisches Verständnis von Förderung und adäquater Reaktion gegenüber einer Schülerproblematik aus-
legen. Nach unserem Verständnis hat diese
Reaktion nichts mit einer modernen Auffassung pädagogischer Wertschätzung und Em-
powerment zu tun, sondern legt den Schluss
nahe, dass es sich hierbei vielmehr um eine
veraltete pädagogische Strategie der Diszipli-
nierung handelt, die weder im Einklang mit
dem Paragraphen § 1631 BGB Abs. 2, dem
Recht des Kindes auf gewaltfreie Erziehung,
steht und gleichzeitig einem Straftatbestand
der Freiheitsberaubung entspricht. Wir können daher nur dringend an Sie appellieren,
Ihre unzeitgemäße pädagogische Haltung der
unangemessenen Strenge in eine wertschätzende pädagogische Haltung unseres Sohnes gegenüber und der hier vorliegenden
Hausaufgabenproblematik zu verwandeln,
wie das für moderne und anständige Pädagogen erwartet wird.

Wir weisen darauf hin, dass eine Disziplinie-
rung durch Nachsitzen wegen fehlender
Hausaufgaben durch uns – Kraft unserer Er-
ziehungsberechtigung, die hier nicht im

Einklang mit Ihrem Erziehungsverständnis steht – nicht befürwortet wird. Weiterhin weisen wir darauf hin, dass unser Sohn in Folge ihres gestrengen Auftretens mit psychosomatischen Symptomen wie Bauchschmerzen, Kopfschmerzen sowie mit Angst vor Ihnen als Person und mit Schulunlust und Versagensängsten reagiert. Daher fordern wir Sie umgehend auf, ein anderes pädagogisches Auftreten walten zu lassen. Sollte unser Sohn nachsitzen und in einen sogenannten Trainingsraum eingesperrt werden, werden wir uns vorbehalten, entsprechend mit gesetzlichen Mitteln darauf zu reagieren.

In der Hoffnung, dass Sie die Situation als Fachkraft für Pädagogik richtig einschätzen, gehen wir davon aus, dass Sie einen pädagogisch sinnvollen und wertschätzenden Weg finden, um die angespannte Situation zu entschärfen.

Im Übrigen: Wir hatten Sie in unserer Mitteilung von vorgestern gebeten, uns telefonisch zu konsultieren, um mit Ihnen über diese Situation zu sprechen. Darauf haben Sie bislang nicht reagiert.

Mit besorgtem Gruß
Familie XY"

Anhand dieses exemplarischen Beispiels, das die überwiegende Gewaltsituation gegenüber unseren Kindern an deutschen Schulen wiederspiegelt, ist festzustellen, dass Schulen kein adäquater und wertschätzender Lebensort für unsere Kinder ist, sondern entgegen des Wohl des Kindes für krankmachende Strukturen sorgt, die es im Sinne unserer gesetzlich verankerten und natürlichen Verantwortung (§6,1 GG) unserer Kinder gegenüber zu verhindern gilt. Schule darf kein Ort beliebiger und wahlloser Gewaltexzesse von frustrierten Lehrern sein. Die Schule hat bisher insgesamt die Chance verpasst reformpädagogische Ansätze in ihre Konzepte umzusetzen, denn anscheinend möchte die staatliche Schule ein Herr von Kindern heranziehen, die auf Gehorsam, Erniedrigung und Anpassung getrimmt sind, damit sie gefügig sind und dem System mit nicht allzu viel Kritik gefährlich sein können. Das ist ein ganz trauriges Schulsystem, in welchem aus unseren einstmals lebhaften und fröhlichen Kindern durch Monsterlehrer ängstliche und lernfrustrierte Menschen geformt werden.

Das ist der ganz normale Wahnsinn an deutschen Schulen, den wir alle brav dulden. Die Frage ist doch die: Wer müsste hier tatsächlich in den Trainingsraum?

Und zu alledem kommt noch eine Überforderungshaltung gegenüber unseren Kindern, bei der wir uns nicht wundern müssen, wenn Kinder gegen Lehrer und Schule opponieren: Es ist schon erstaunlich, was Schulen von unseren Kindern, die sich entwicklungspsychologisch noch im Wachstum befinden und keine erwachsenen Menschen sind, geistig abverlangt wird: Kein Lehrer auf dieser Welt ist in der Lage, unseren Kindern alles zu lehren, aber unsere Kinder sollen alles von jeweils unterschiedlichen Lehrern lernen. Wie kann es sein, dass ein kleines Gehirn alles lernen soll, während ein Erwachsener nur ein Fach, oder lediglich zwei Fächer lehrt? Hier ist doch die Welt komplett verdreht, oder?

Odenwaldschule

Zum Verständnis: In der Odenwaldschule wurden seit über 40 Jahren Kinder psychisch, körperlich und sexuell misshandelt.

Der Missbrauch von Kindern an einer Schule sucht seinesgleichen. Die Vorwürfe sind erheblich und die Taten entsetzlich. Und dass von Lehrern, die sich Pädagogen nennen. Wenn man schon nicht viel von Pädagogik im Allgemeinen in der Gesellschaft hält, dann gibt die Odenwaldschule diesem Imageschaden noch den letzten Gnadenstoß. Pädagogen und Geistliche, die sich an Kindern vergreifen verdienen es nicht um Ansehen zu werben respektive zu predigen oder gar neue Schulkonzepte zu entwerfen. Beide Berufsstände haben ihre Reputation in der Öffentlichkeit vollständig verloren. Dass Geistliche mit derartigen Neigungen auffallen ist vor allem in der katholischen Ideologie systemimmanent und entschuldigt daher gar nichts. Aber, dass sogenannte Pädagogen mit aufgeklärtem und konstruktivistischem Geist auf die Idee kommen, Kinder zu quälen ist skandalös und schamlos zugleich. Hier leben Lehrer ihre unreflektierte sadistische Zwanghaftigkeit aus gepaart mit einer fehlgeleiteten Omnipotenzmanie. Zum Vergleich: Wenn Eltern ihre Kinder nicht zur Vorsorgeuntersuchung bringen werden sie und die Kinder vor das Familiengericht gezerrt und die Odenwaldschule benötigt lediglich ein neues Konzept, um die

Betriebserlaubnis aufrecht zu erhalten. Auf der einen Seite werden Eltern mitsamt ihren Kindern bestraft und auf der anderen Seite wird eine Institution belohnt. Das nährt nicht gerade ein auf Vernunft basierendes Gerechtigkeitsverständnis bei aufgeklärten und gebildeten Menschen, sondern erinnert irgendwie unweigerlich an eine im letzten Jahrhundert vorgeherrschte Willkürjustiz aus 12 Jahren Barbarei auf deutschem Boden. Hier gehört nicht nur ein neues Konzept hergestellt, sondern alles Personal ausgetauscht, welches für die bewusste oder unbewusste Vertuschung der grausamen Taten verantwortlich zeichnet. Hier muss ein Geist der Aufklärung und Philanthropie anstelle der misanthropischen Beschwichtigung implementiert werden.

Ganztagsschule - Wozu noch Kinder?

Die neue Bertelsmannstudie belegt: Eltern von Ganztagsschülern sind zufriedener als die von Halbtagsschülern begründet mit besseren Förderungsbedingungen für ihre Kinder in Folge dessen ein Ausbau flächendeckender Ganztagsschulangebote in der Bundesrepublik Deutschland forciert wird.

Es geht ein neues Gespenst in Deutschland herum: Ganztageschulen. Die neuste Studie der Bertelsmann-Stiftung[7] zeigt auf, dass Eltern ihre Kinder im liebsten in Ganztagsschulen abschieben möchten. Begründet wird dies mit dem Argument, dass ihre Kinder in Ganztagsschulen besser gefördert würden als in Halbtagsschulen. Hiermit wird deutlich: Eltern geben ihre Erziehungsverantwortung an den Staat ab. Der Beweis dafür, dass Familienleben mit Kindern immer mehr unerwünscht ist. Dies lässt sich an dem Geburtenrückgang in der BRD sehr deutlich ablesen. Eltern, die Kinder in Ganztagsschulen abschieben, sind eher daran interessiert, ihr eigenes Leben zu forcieren. Immer wieder ertönt das Argument, dass man sich im Beruf besser verwirklichen könne als in einer Familie mit den Kindern. Oder man sieht sich mit Äußerungen von Eltern konfrontiert, die ihre Kinder deshalb lieber in Kindergärten, Ganztagsschulen,

---

[7]Nachzulesen unter: https://www.bertelsmann-stiftung.de/de/themen/aktuelle-meldungen/2016/september/eltern-geben-ganztagsschulen-gute-noten

Nachhilfe, Vereine usw. abschieben, damit sie, neben den beruflichen Verpflichtungen, auch noch ihren privaten Interessen nachgehen können. Hier wird sehr schnell ersichtlich, dass das egoistische Interesse von Eltern vor dem Wohl des Kindes nach einem intakten, harmonischen, vielfältigen und bindungsintensiven Familienleben steht. Da stellt sich doch wirklich die Frage: Wozu noch Kinder, wenn wir sie sowieso gerne abschieben?! Nach dieser Haltung können wir die Kinder doch eigentlich im Sinne von Orwell und Huxley gleich nach der Geburt abgeben und der kalten Aufzucht des Staates und seiner kinderlosen Handlanger überlassen.

Das Argument der Förderung von Kindern in Ganztagsschulen ist vor dem Hintergrund einer zunehmenden Entnaturalisierung zugunsten einer stetigen Institutionalisierung der Kindheit als Instrument des Staates, willfährige Bürger heranzuziehen, zu deuten. Das Modell Familie wird zunehmend als anachronistisch ausgehöhlt dadurch, dass das Wirtschaftssystem Menschen dazu zwingt, sich an einen ökonomischen Arbeitsrhythmus anzupassen, der keinen Spielraum für finanzielle und zeitliche Ressourcen für Familienleben zulässt. Wozu auch? Die Ökonomie benötigt keine freidenkenden Menschen, sondern funktionierende Zahnrädchen zur Aufrechterhaltung der Herstellung von Konsumgütern, die dann an den Wochenenden konsumiert werden sollen. Frei nach dem Motto:

Unter der Woche wird dafür gearbeitet, dass man sich am Wochenende konsumgüterbezogen von der Arbeit dafür erholt, wieder fit für die bevorstehende Arbeitswoche zu sein. Kinder haben in diesem System nichts zu sagen. Sie werden schnell durch Disney und Co. darauf getrimmt, das System zu verinnerlichen, damit sie sich schnell an die Arbeitsgepflogenheiten anpassen können. Die Ganztagsschule trägt dann mit ihren Konzepten dazu bei, unsere Kinder in die Arbeitsprozesse zu integrieren. Einzig darum geht es der Ganztagsschule: Assimilation von Humanressourcen in das staatlich funktionierende System. Freigeister sind unerwünscht!

Die Förderung von Kindern in Ganztagsschulen wird in diesem Sinne zu einem immer größer werdenden zwanghaften Förderwahn. Wer sich nicht fördern lässt, bekommt sehr schnell Nachhilfe im Fördern. In allen Disziplinen müssen unsere Kinder gefördert werden. Das geht auf Kosten eines natürlichen Lernrhythmus', der den Kindern ganz schnell abtrainiert wird. Gefördert werden darf nur das, was für den ökonomischen Arbeitsmarkt gebraucht wird. Gefördert wird ausschließlich nach pragmatischen Gesichtspunkten und nicht im idealistischen Sinne freiheitliches Denken, ganzheitliches Denken, natürliches Denken, Selbstwahrnehmung und Selbstachtung und alles was den Menschen dazu befähigt, seine konstruktiven Erkenntnisse zu schärfen.

Schauen Sie sich die Ganztagskonzepte der Schulen einmal genauer an und Sie werden feststellen, dass es hier einzig um die Durchsetzung von Regeln, Zwang, Vorgaben, Sanktionierungen und vorgegebenen Lerninhalten geht. Sie schreiben in ihre Konzepte, dass die Schüler ihre natürliche Lebensumgebung mit in den Lernprozess einbinden sollen, was natürlich die Tinte auf dem Papier nicht wert ist, weil Schüler keine natürliche Lebensumgebung mehr vorfinden, wenn die Eltern alle Arbeiten sind und das Leben nur noch aus Institutionen besteht, die alles reglementieren.

Nicht mehr das natürliche Leben und die sich hieraus entwickelnde Lebendigkeit, Lebensfreude und Lebensbejahung stehen im Vordergrund der Ganztagspädagogik, sondern Konzepte, Statuten, Vorgaben, Systematisierung, Standardisierung und Qualitätsmanagement. Das ist eine ganz traurige und eiskalte Welt, in die wir uns mit dem Willen nach Ganztagsschulen allmählich manövrieren.

Schöne neue Welt!

Kinderfeindliches Land

Die Bertelsmannstudie von Klaus Klemm zum Thema Ganztagsschulen zeigt die schlechte Stimmung gegen Kinder im Land auf. 70% der befragten Eltern sind für ein Nachmittagsangebot der Schulen. Wenn das repräsentativ ist, dann ist es an der Zeit, dass unsere Kinder aus dem Land emigrieren. Denn noch niemals zuvor hat es eine Entwicklung gegeben in der erkennbar wird, dass Eltern derart massiv ihre Kinder von sich weisen wie derzeit in der Bundesrepublik Deutschland. Das korreliert mit dem Geburtenrückgang. Die kinderfeindliche Stimmung im Land nimmt eine Form an, die Entsetzen in jedem Reformpädagogen und in allen liebevollen Eltern auslöst. Wenn man auch nur noch einen Funken an pädagogischer Verantwortung oder gesunden Menschenverstand übrighaben sollte, dann muss man unweigerlich daran denken mit welchen Mitteln man in diktatorischen Gesellschaften über Menschen zu herrschen pflegt. Eltern geben ihre Erziehungsgewalt komplett an staatliche oder bürokratiegebundene Organisationen ab – und das auch noch freiwillig! Hier stellt sich unweigerlich die berechtigte Frage: Wozu wollen Eltern eigentlich noch Kinder haben, wenn diese sie in eine Tagesbetreuung abschieben und keine eigene und gemeinsame Zeit mehr über Tage mit Ihren Kindern verbringen wollen? Das mutet doch alles allmählich allzu sehr an nach „Schöner Neuer Welt" von Aldous Huxley. Es ist erschreckend mit anzusehen, mit welch emotional und sozial kalter Härte hier mit Kindern umgegangen wird. Nicht nur, dass sowieso schon ein enormer und unmenschlicher Leistungsdruck auf Kindern von Seiten der Eltern, Kindergärten und Schulen vorherrscht, nein, hinzu kommt dann noch der fehlende kompensierende Nestwärmeausgleich einer liebevollen Familie. Liebevolle Familien, die ihre Kinder ganztägig in die Lerngefängnisse abschieben, bestehen eben nicht aus liebevollen Menschen, sondern sind von einem fehlgeleiteten Arbeits-, Bildungs- und Leistungsbild einer emotional und sozial neurotisch veranlagten Gesellschaft geprägt, welche nicht die Liebe zueinander in den Vordergrund des Miteinanders stellt, sondern einen vornehmlich normiert-standardisierten Verhaltenscodex, aus lauter Angst bloß nichts falsch zu machen. Die Menschen mit derartigem Gedankenkonstrukt erinnern unweigerlich an die Grauen Herren aus Michael Endes „Momo". Da läuft es einem als Reformpädagoge und vierfachen Vater eiskalt den Rücken herunter, wenn man an all die aschfahlen Kindergesichter denken muss, die dann abends von ihren aschfahlen Bildungskäfigen zu ebenfalls aschfahlen Eltern zurückkehren. Grauslich die Vorstellung, dass es im Lande eine derartige lebens- und kinderfeindliche Haltung unter den Menschen gibt. Wo ist sie nur hin, die Freude an unserem Nachwuchs? Dem Lächeln auf dem Gesicht, wenn man ein Kind in den Arm nimmt, der Quirligkeit, mit der einem ein Kind begegnet, die Offenheit, die ein Kind vorlebt, diese herrlich erfrischende Naivität und Kreativität die in Kindern steckt, all diese hervorragenden Eigenschaften von Kindern können sich doch keine psychisch gesunden Mensch entziehen – wie kann man seine Kinder den ganzen Tag nicht um sich herum haben wollen? Das ist ein Warnzeichen elterlicher Verrohung! Und dabei ist es seit der NUBBEK-Studie vor drei Jahren hinlänglich bekannt wie schlecht es um die pädagogische Qualität in den Kinderbetreuungseinrichtungen im gesamten Land bestellt ist. Was das Land braucht ist kein Ausbau der Kinderbetreuungseinrichtungen im Sinne einer Ganztagsverknastung, sondern Eltern, die wieder den Mut haben weniger an Karriere als an das Kindeswohl zu denken! Denn um das Wohl der Kinder ist es wahrlich sehr schlecht bestellt in einem Land, in dem Eltern vornehmlich an ihr eigenes Wohl denken und ihre Kinder sozial-emotional verkümmern lassen. Seltsam nur, dass sich hier kein Jugendamt wegen Vernachlässigung des Kindeswohls einmischt! Kinderfeindlichkeit im Lande avanciert eben zunehmend zu einem gesellschaftlichen Statussymbol. Endlich hat das Land wieder Feindbilder – und damit Ruhe im Land ist, zerren wir unsere Kinder erst per Zwangskindervorsorgeuntersuchungsgesetz vor den Kinderarzt und sperren sie anschließend ganztags hinter Schulgitter! Bravo! Die idealistische Aufklärung im Land der Dichter und Denker befindet sich voll im Auflösungsprozess zugunsten neoliberalistischer Zwangsvorstellungen vom Recht des Stärkeren. Arme Kinder einer schönen neuen Welt psychosozial unterkühlter Industriestaaten.

Behindert Erziehung die Entfaltung kindlicher Entwicklung?

In Zeiten philosophischer Erkenntnistheorien des Konstruktivismus wird der Mensch anerkannt als ein natürliches Wesen mit der Fähigkeit, seine Wirklichkeit selbstbestimmt zu gestalten und hierdurch seinen ureigenen Beitrag zur Realität beizusteuern. Diese Erkenntnis menschlicher Wirksamkeit in der Welt lässt sich am besten an Kindern beobachten: Sie werden geboren mit dem Potenzial zu lernen und sich zu entwickeln. Das machen sie zunächst ohne Zutun der Umwelt. Sie entdecken sich selbst und ihre Umwelt ganz instinktiv. Das was sie an Umwelt vorfinden, binden Sie ganz selbstverständlich in ihr bisheriges Gelerntes ein und beginnen somit ihren Gestaltungsprozess in der Realität. Das ist ein von der Natur installierter Lern- und Erfahrungsprozess, der, würde man ihn konsequent weiter betreiben, Menschen zu ganz eigenständigen, einzigartigen und freien Wesen entwickeln lässt. Die Natur des Menschen besteht in der Offenheit und Freiheit des Lernens und somit als Konsequenz hieraus in der Freiheit des Denkens und Handelns. Dieser natürliche Prozess der Selbstwirksamkeit des Menschen wird jedoch durch Erziehungsbestrebungen erst von Eltern, dann von Erzieherinnen, über Lehrerinnen und später durch Ausbilder, Pfarrer, Politik, Staat und Medien bewusst beschnitten und eingeschränkt.

Wie kommt das?

Erziehung ist qua moderner Definition "die Heranführung des Individuums zu Eigenständigkeit und Selbstbestimmung in einem gesellschaftlichen Kontext". Bereits hier wird jedoch die Begrenzung der Selbstbestimmung festgeschrieben durch die Anpassung an die Normen und Werte einer jeweiligen Gesellschaft. Diese normativen Wertehaltungen haben alle Mitglieder der Gesellschaft mehr oder weniger in ihren jeweiligen Bereichen und Dimensionen verinnerlicht und repräsentieren diese wirksam in ihrer direkten Umwelt. Das heißt, wir alle geben die gesellschaftlich akzeptierten Einstellungen und Haltungen an andere Menschen entweder direkt oder indirekt weiter. Hier nehmen wir als Mentoren von Kindern also Einfluss auf deren Entwicklung und zwar in der Art wie sich der Mentor vorstellt, die Normen und Werte dem Zögling inhaltlich und methodisch zu vermitteln. Dabei spielt es keine Rolle nach welcher ideologischen Haltung und Ausrichtung in der Erziehung verfahren wird, ganz gleich ob Regelerziehung, Kirche, Montessori, Waldorferziehung oder andere pädagogische Methoden, Ziel der Erziehungseinwirkungen ist immer die Anpassung des Kindes an die bestehenden gesellschaftlichen Strukturen. Am Ende des Erziehungsprozesses haben wir einen säkularen, kirchlichen oder andersartig ideologisierten Menschen herangezogen, der nach den Regeln der Ideologie die Normen und Werte einer Gesamtgesellschaft vertritt.

Das alles ist legitim und basiert auf den freiheitlich-demokratischen Grundwerten der deutschen Gesellschaft (und nach diesen oder ähnlichen Prinzipien funktioniert das auch in anderen Ländern). Hier haben wir in der Postmoderne eine im historischen Vergleich höchsthumane Haltung gegenüber Kindererziehung eingenommen, die auf den ersten Blick Eigenständigkeit und Selbstbestimmung suggeriert. Im oben beschriebenen Rahmen ist das auch so. Darüber hinaus gibt es jedoch einen freiheitsbezogenen Begriff der Kinderentwicklung (und in diesem Sinne meint dieser auch immer Menschenentwicklung), der die Rahmenbedingungen der Konventionsgrenzen einer Gesellschaft und ihrer Strukturen überwindet: Es ist kein pädagogischer Erziehungsbegriff im oben beschriebenen herkömmlichen schulwissenschaftlichen Sinne, sondern ein anthropologisch-aufklärender Anarchiebegriff, der sich am besten mit dem Begriff Holistikbildung beschreiben lässt, einer ganzheitlich orientierten Bildungsentwicklung des Menschen nach dem eingangs erwähnten Prinzip der kindlich-instinktiven Lernkompetenzen. Das Kind erschließt sich methodisch selbstständig die Welt einzig nach seinem generierten körperlichen, geistigen und emotionalen Interesse basierend auf seiner Lebensphase in Verbindung mit einer konstruktiven Auseinandersetzung mit anderen Menschen. Der Lernstoff wird allein aus dem Kind heraus generiert und die Lehrmethoden der Mentoren richten sich ausschließlich hiernach aus. Dieses Prinzip der instinktiv-interessensgeleiteten Lernausrichtung wird in keiner ideologischen Lerneinrichtung der Bundesrepublik Deutschland angewendet. Die deutschen Lehranstalten geben laut Lehrplan den Lernstoff sowie die Lehrmethoden vor. Die restriktive Handhabung des Lernprozesses mittels Lern- und Lehrvorgaben durch Eltern, Erzieherinnen, Lehrerinnen, Ausbilder, Pfarrer und sonstige Mentoren in den Hobbyvereinen behindert eine auf Ganzheitlichkeit ausgelegte natürliche Entwicklung des Kindes und in Folge dessen das Lernverhalten Erwachsener. Holistische Bildung versteht sich als reine Entwicklungsbegleitung für Kinder und Erwachsene. Hier spielt Leistung, wie man sie gemäß den Erziehungsmethoden aller Erziehungsanstalten her kennt, per se keine Rolle, sondern ist lediglich ein gleichberechtigtes Lernthema unter allen anderen auf Interesse basierenden Lernthemen.

Grundsätzlich lässt sich bei genauerer Betrachtung aller pädagogischen Erziehungs- und Bildungskonzepte aus den Elternhäusern, Kinder- und Jugendbetreuungseinrichtungen aller Art sowie innerhalb der Erziehungswissenschaft feststellen, dass deren Zielsetzungen darauf ausgelegt sind, Kinder und Jugendliche zu formen im Sinne einer Anpassung an die funktionalen Betriebsstätten der Gesellschaft. Leistung ist hier das Stichwort, welches impliziert, dass der Mensch seine Wertigkeit einzig aus seiner Anpassungsleistung an die ökonomischen Arbeitsprozesse über die wirtschaftlichen und sozialen Statuten zugewiesen bekommt. Kinder werden in der deutschen Gesellschaft bereits im Kindergartenalter konzeptionell, also zielgerichtet darauf vorbereitet, zu gehorchen, nachzumachen, still zu sein, nicht aus der Art zu schlagen und Lob dafür zu erhalten, wenn gemäß Pädagogischer Psychologie eine bestimmte Lernstufe erreicht wird, die der Norm entspricht. Weiterhin werden diese Lernerfolge in der Schule bewertet, belobigt oder sanktioniert, was seine Kontinuität in der Ausbildung erhält und in ein Leistungsprinzip innerhalb des Arbeits- oder Angestelltenverhältnisses kulminiert und gegebenenfalls durch das Erreichen höherer Karrierestufen zur Mentorenschaft über eine Anzahl von Menschen, die wiederum in die Ziele einer Organisation qualitätsgemanagt werden. Alle schul- und ideologiegeleiteten pädagogischen Bestrebungen finden demnach ihre Zielsetzung in der Unterdrückung des Menschen zu einem freiheitlichen Individuum unter dem Deckmantel der Erziehung zu einem eigen- und selbstständigen Menschen. Allen Erziehungskonzepten ist die systematische und methodische Anpassungsentwicklung inhärent, die den Menschen in seinem Drang nach instinktivem und interessensgeleitetem Lernen, Entwickeln und Leben einschränkt.

Noch immer herrscht in der Elternschaft die gängige Meinung vor, dass strafende Erziehungsmaßnahmen die einzig wahren Methoden sind, um Kindern effektiv und schnellstmöglich den Weg in ihr Glück zu weisen. Schauen Sie sich in den Supermärkten einmal um und beobachten Eltern im Umgang mit ihren Kindern. Sie werden feststellen, dass die elterliche Stimmung gereizt ist. Beobachten Sie einmal Eltern, wie sie auf Spielplätzen untereinander ihre Kinder einerseits maßlos übertrieben in den Himmel loben und andererseits beschämend diffamieren, als wären Sie wertloses Vieh. Werfen Sie einen Blick in die Kindertagesstätten unserer Kleinen. Sie werden dort auf überfüllte Gruppen, demotivierte Erzieherinnen, standardisierte Verhaltenscodi und auf eine Atmosphäre voller Muff und schlechter Laune treffen. Hospitieren Sie einmal in den Schulen aller Art und Sie werden auf systematisches Kindermobbing durch stumpfsinniges Auswendiglernen toten Stoffes treffen. Weiterhin vertrödeln unsere Kinder nach staatlicher Schulpflicht das Lernen lebensnotwendiger Kenntnisse und Fähigkeiten durch langweiligen, instruktiven und kompetenzdegenerierenden Lernstoff und Unterricht. Der Spaß am Lernen, wie er einstmals in der Kleinkindzeit vorherrschte ist systematisch wegmotiviert durch von frustrierten Lehrern verursachten Diffamierungen, Fehlbeurteilungen, Sanktionierungen und übelster Misanthropie. Die Kirchen tragen dann ihr Weiteres dazu bei, durch

Kommunion, Firmung und Konfirmation Jugendliche durch ein irrsinniges religiöses Glaubenssystem, welches auf einem zur Schau gestellten am Kreuz baumelnden Männchen basiert, gedanklich und emotional völlig zu irritieren, anstatt hier auf inneren Glauben und ethische Leitlinien mit Bezug auf Freidenken und universellen Prinzipien eines ethischen Miteinanders hinzuweisen. Nein, die Kirchen sorgen Hand in Hand mit den säkularen Institutionen dafür, dass ein weiterer Meilenstein in der systematischen Unterdrückung des Menschen gesetzt wird. Und letztlich haben dann die Auszubildenden in den Arbeitsstätten diese Miesepeterkultur unserer so genannten Erziehungs- und Bildungseinrichtungen durchlaufen und dürfen hier in Erfahrung bringen, wie es ist, von Gleichgesinnten den letzten Schliff im Jammern, Meckern, Lästern, alles Schlechtreden und sonstigen menschenunwürdigen Verhaltensweisen zu erhalten um schlussendlich angekommen zu sein in einer Kultur der gegenseitigen Unterdrückung und Verachtung durch fehlgeleitetes Konkurrenzdenken und Ellenbogenmentalität. Leider sehen die Verantwortlichen in den Entscheidungsstellen in Familie, Schule, Kirchen, Arbeitsstelle, Staat etc. dies nicht so, sondern sind vom Funktionieren des herrschenden System derart überzeugt, dass sie ernsthaft mit den Attributen der Freiheit, Gleichheit und Solidarität ihr vermeintlich freiheitliches System argumentativ rechtfertigen, ganz wie George Orwell und Aldous Huxley diese Argumentation als die Umkehrung der Begrifflichkeiten definierten (Krieg ist Frieden, Unfreiheit ist Freiheit etc.). In diesem Sinne steht fest: Solange es Systeme gibt, deren Menschen davon überzeugt sind, dass das, was sie ideologisch tun, menschenfreundlich sei und alle anderen Meinungen diffamieren und mit Sanktionen zum Schweigen zu bringen, so lange wird dieses System unfreien Menschen permanent einreden frei zu sein, mit der Begründung, dass durch Leistung Erfolg geerntet werde (mit wenig Lohn und Initiativförderung), in Wohlstand unendlich konsumieren dürfen (bis Sie übersättigt sind), liberale Gesetze haben (die zu Zwangsverpflichtungen führen), eine soziale Marktwirtschaft vorweisen (die Armut erzeugt), sich eines freien Bildungssystems frönt (welches Menschen gleich schaltet) und eine Gesellschaftsform vertreten, die auf Freiheit und Partizipation fußt (aber Menschen systemimmanent ausschließt).

Sie sehen, Erziehung basiert einzig auf den Wertevorstellungen einer Gesellschaft und nicht auf dem gesunden Menschenverstand einer freiheitlich gesinnten Entwicklungsbegleitung hin zu individueller Eigenständigkeit und Selbständigkeit. Erziehung fungiert hier als Trichter zur Befähigung der Zwangsteilhabe an Arbeitsprozessen mit dem Ziel, Güter zum Konsumieren zu produzieren und einen bürokratischen Staatswasserkopf zu finanzieren. Als Fazit bleibt festzuhalten: Erziehung im schulpädagogischen und ideologisierten Sinne behindert Kinder, Jugendliche und Erwachsene in ihrer existenziellen, spirituellen, konstruktiven und psychologischen Persönlichkeitsentwicklung. In diesem Sinne benötigen wir ein neues Verständnis von „Erziehung" hin zu einem holistischen Blick der Entwicklung und Bildung des Menschen zu körperlicher, geistiger und emotionaler Bewusstheit, Selbstbestimmung und Liebesfähigkeit. Sprich: Hier ist nicht das Ziel maßgeblich an der Entwicklung des Menschen im Vordergrund der Betrachtung, sondern in der Tat der Weg das Ziel, so unmöglich dies auch klingen mag. Aber durch zielgerichtete Erziehung an das bestehende System angepasste Menschen haben wir genügend, was uns nun fehlt sind Menschen mit Freigeist, kreativen Allüren, emotionaler Echtheit und körperlicher Bewegungsfreiheit auf diesem Planeten. Dies zu erreichen, ist ein Anliegen der Holistikbildung, einem neuen „Erziehungs- und Bildungsbegriff" aus der freiheitlichen Ecke. Erst eine Nicht-Erziehung, sondern eine holistische Wesensentwicklung macht die Menschen dazu was sie sind: Freie und offene Wesen voller Geist, Freude und Liebe!

Daher nennen wir das begleitende Aufwachsen von Kindern auch nicht Erziehung, sondern eher Reifungsbegleitung.

Kind oder kein Kind – das ist hier die Frage

Sie wollten schon immer ein Kind haben und stehen seit Jahren im Planungsvorhaben ohne sich so recht dazu entscheiden zu können, weil sie sich einfach nicht vorstellen können wie das alles so zu regeln ist mit einem Kind, und dem Partner, und den Eltern und Schwiegereltern, und den Freunden, und dem Beruf, und mit Trotzphasen, Kindergarten, Schule, Pubertät, dem altklugen Gerede, und mit sich selbst, und und und... Sie haben von all ihren Freunden, die sich allesamt vor kurzem für ein Kind entschieden haben, die leidvollen Sätze im Ohr wie: „Ich habe schon seit Monaten nicht mehr durchgeschlafen", oder: „Das Baby hört einfach nicht mehr auf zu schreien", oder: „So viel Urlaub habe ich gar nicht wie oft das Kind krank wird". Und dann sind da noch all die Horrormeldungen über übel riechende Windeln sowie über die überdurchschnittlich ängstlichen aber doch allwissenden Übermütter aus der Nachbarschaft, die einem permanent sagen wo es lang geht im Leben und mit der Kindererziehung, um hier nur einige wenige Beispiele zu nennen, die einem die Entscheidung zugunsten eines Kindes nicht gerade leichter machen.

Vergessen Sie schleunigst alle Schreckensmeldungen über die perfidesten Kindergeschichten. Sie stimmen allesamt nicht. Es könnte letztlich noch viel schlimmer sein als Sie es sich je vorstellen können. Aber das kann hart gesottene Eltern schon gar nicht mehr aus der Bahn werfen und angehende Eltern sollten schnell lernen, Ihre durch den Kinderwunsch ausgeschütteten Glückshormone geschickt einzusetzen und alle Negativstimmungen mittels ausgeschütteter Endorphine ins Positive umzuwandeln.

Wahrlich, wir garantieren Ihnen: Kinder zu haben ist ein reicher Segen. Ein altes chinesisches Sprichwort besagt: Wer nicht lächeln kann, sollte kein Geschäft eröffnen. Und wir sagen: Wer nicht lachen kann, sollte keine Kinder bekommen. Denn mit Kindern hört der Ernst des Alltages auf – allen landläufigen und irrigen Meinungen zum Trotz. Menschen mit nach unten gezogenen Mundwinkeln haben wir im Land genug. Schauen Sie einmal in ein Kindergesicht oder beobachten Sie Kinder beim Spielen: da spüren Sie unweigerlich die Leichtigkeit des Seins. Wenn Sie es schaffen, dieses Gefühl der Leichtigkeit in ihr von Alltagssorgen geprägtes Erwachsenenleben einzubauen, werden Sie unweigerlich aufhören, sich über die wirklich unwichtigen Dinge des Lebens zu beschweren.

Ach ja: Die Argumente, dass Kinder Karrierekiller seien, oder gar Armutsförderer, können Sie getrost ins Reich des Aberglaubens von Menschen mit gesteigertem Angstbewusstsein gegenüber einer emotionalen Bindungsverantwortung ablegen.

Kinder zeigen Ihnen auf, wie unbeschwert die Dinge sein können. Und als frischgebackene Eltern oder Wiederholungseltern durchleben Sie ein Hochgefühl welches annähernd dem der Verliebtheit ähnelt. Und bekanntermaßen geht einem alles viel leichter von der Hand solange man im Zustand der Verliebtheit lebt. Bleiben Sie deshalb einfach in den Kinderwunsch oder in ihre Sprösslinge verliebt und sie werden Kinder heranreifen sehen, die es ihnen in jeder Phase ihrer Entwicklung mit einem gut gemeinten Augenzwinkern danken werden.

Nichts wird ihrem Leben mehr Sinn geben als Begleiter des Aufwachsens ihrer Kinder zu sein. Kein Beruf kann das Aufwiegen, was Kinder Ihnen an geistigen, emotionalen, sozialen und persönlichen Reichtum zu bieten haben, nämlich: Eigenes inneres Wachstum über Jahre hinweg mit absolut offenem Ausgang. Was kann schon schöner sein als zu Reisen ohne Ziel…

Kinder gehören sich selbst

Zuvor werfen wir einen Blick auf die Historie des Menschenbildes von Kindern:

Eine tendenzielle Darstellung der historischen Entwicklung der Kindheit

Die wissenschaftliche Kindheitsforschung, also die bewusste Wahrnehmung der Kinderzeit als eigenständiges Entwicklungsstadium des Menschen, nimmt ihren Anfang gegen Mitte des 19. Jahrhunderts mit der Gründung des ersten Waisenhauses in Deutschland durch Hinrich Wichern im Jahre 1867 sowie durch die Gründung erster Schulen für die Massen Ende des 19. Jahrhunderts.

Noch im neolithischen Zeitalter (Steinzeit) gab es keinerlei Familienverband. Die soziale Gruppenbildung entstand spontan und bedingt durch drohende Gefahren von außen durch Tiere, also rein aus Selbstschutz. Neugeborene wurden in Zeiten der Gefahr entweder sofort getötet oder "ausgesetzt" und der Wildnis überlassen, da diese auf der Flucht oder auf der Wanderung für die Gruppe Ballast waren. In Zeiten geringerer Gefahr reichte die elterliche bzw. mütterliche Fürsorge über das Säugen nicht hinaus. Im günstigsten Falle wurden die Kinder sich selbst überlassen (Nahrungssuche, Jagd). Im ungünstigen Falle wurden die Kleinkinder als Beute preisgegeben. Allerdings muss hierbei erwähnt werden, dass ein Menschenalter zu dieser Zeit höchstens das 8. Lebensjahr erreichte.

Erst in biblischer Zeit, als die Menschen sich bäuerlich niederließen und dorfähnliche Gemeinschaften bildeten, gab es so etwas wie ein Familienverband, in dem die Kinder ihre Fürsorge erhielten. Sie reichte jedoch nicht über die Ernährung hinaus. Schulen oder andere öffentliche Bildungsstätten gab es nicht. Kinder ab dem lauffähigen Alter hatten im Handwerk, auf dem Feld und bei anderen lebenswichtigen Tätigkeiten tatkräftig mit zu arbeiten. Weiterhin wurden Kinder zum Arbeiten entweder an Reiche als Sklaven verkauft oder verliehen, um somit den Familien das Überleben zu sichern. In wohlhabenden Familien wurden die eigenen Kinder vor allem im Kampf unterrichtet, um in der Armee als "Befehlshaber" fungieren zu können. Das Alter der Menschen betrug zu dieser Zeit ca. 20 Jahre.

Die mittelalterliche Zeit hat der Kindheit keine Erleichterung gebracht. Bis in die späte Renaissance hinein hat man der Kindheit keinen eigenständigen Wert beigemessen. Auch hier galten Kinder lediglich als Arbeitskraft auf dem Feld, im Handwerk und im Haushalt. In den wohlhabenden Familien bis hinauf zu den Fürsten und Königen galten Kleinkinder sogar als Spielzeug für die Mütter und die Hausangestellten; hierbei wurde der gesamte Kinderleib in Leinen eingewickelt und als Spielball benutzt. In fortgeschrittenem Alter wurden diese wohlhabenden Kinder als Jungen zu Offizieren und die Mädchen zu Heiratsfrauen herangezogen. Bildung erhielten, wenn überhaupt, nur die Jungen in Kriegstechnik und ggf. in Politik oder aber im Handwerk bzw. im kaufmännischen Bereich durch den Vater. Arme Familien hingegen verkauften ihre Kinder als Sklaven oder stießen sie aus dem Familienverband, um sich den Familienunterhalt zu sichern bzw. um die Lebenserhaltungskosten zu senken. In dieser zeitlichen Epoche waren die Kinderbettelei und Kinderarmut am größten; solche Kinder waren in dieser Zeit vor allem der Willkür durch die Erwachsenen ausgesetzt, sie waren sozusagen vogelfrei. Straftaten von Kindern wurden geahndet wie die von Erwachsenen (Todesstrafe, Gefängnis etc.).

Diese "Erziehungspraktiken" gingen nahtlos weiter in die Zeit der Aufklärung und Industriellen Revolution des 18./19. Jahrhunderts über. Die Situation der arbeitenden Familien verschärfte sich eklatant durch die lohnabhängige Arbeit in den Manufakturen bzw. in den Fabriken. Säuglinge und Kleinkinder wurden von Beginn an von der Mutter mit in die Produktionsstätten genommen. Von Hygienebestimmungen gab es keine Spur. Die Kindersterblichkeit war in dieser Zeit am größten. Aber auch die Kinderarmut, sogenannte Straßenkinder, nahm drastisch zu, weil Familien die Kinder in frühestem Alter aus dem

Familienverband ausstießen, um die eigenen
Lebenshaltungskosten zu senken. Im Lauffähigen Alter hatten die Kinder ebenfalls in den
Manufakturen und Fabriken mit zu arbeiten -
entweder, um das Familieneinkommen mit zu
finanzieren oder um sich selbst zu ernähren.
Bildung der Kinder gab es, wenn überhaupt,
nur für die Jungen aus wohlhabenden Familien, die von Privatlehrern unterrichtet wurden.
Die Mädchen hatten bei den Dienstangestell-
ten und bei der Mutter entweder die Hauswirt-
schaftsangelegenheiten oder allenthalben die
musische Kunst zu erlernen. Kindheit in dieser Zeit war gekennzeichnet vom Überlebens-
kampf wie ihn die Erwachsenen alltäglich zu
bewältigen hatten. Straftaten von Kindern
wurden auch hier geahndet wie die von erwachsenen Straftätern.

In dieser Zeit wurden die ersten pädagogischen und ordnungspolitischen Rufe nach
"Erziehung" bzw. "Züchtigung" der Jugend
laut.

Eine Vorstellung von Kindheit, wie wir sie
heute kennen, ist eine Errungenschaft vor allen der Pädagogik und Psychologie des frühen 20. Jahrhunderts. Beide Disziplinen haben dazu geführt, dass Kindheit als eigenständige Entwicklungszeit des Menschen eines besonderen Schutzes durch die Familie
und durch die Gesellschaft bedarf. Das Jugendschutzgesetz aus dem Jahre 1918 ist ein
Zeugnis der ersten gesetzlichen Verankerung

des "Schutzes der Kinder und Jugend in der Gesellschaft" im überwiegend ordnungspolitischen Sinne (z. B. Abschaffung der Kinderarbeit; Verhaltenskodex in öffentlichen Räumen; Strafenkatalog). Erst im Jahre 1991 wurde dieses alte Jugendschutzgesetz durch das 1991 in Kraft getretene "Kinder- und Jugendhilfegesetz" abgelöst. Hier findet der Begriff der Kindheit und Jugend erstmals definitiv Einzug; dieses Gesetz räumt Kindern und Jugendlichen das juristische Mitspracherecht in familiären Entscheidungen ein, es regelt den Bedarf an Kinder- und Jugendhilfeeinrichtungen in den Kommunen und es regelt die Schutzmaßnahmen der Kinder- und Jugendhilfeeinrichtungen bei drohender Verwahrlosung; willkürliche körperliche und seelische Züchtigungen sind hier erstmals gesetzlich verboten. Die ordnungspolitischen Maßnahmen des alten Jugendschutzgesetzes werden im Strafgesetzbuch geregelt. Dennoch hat das neue KJHG entscheidende Lücken in Bezug auf das Mitspracherecht von Kindern und Jugendlichen in Bezug auf kommunalen Planungen im infrastrukturellen Bereich wie Kinderspielplätze, Kinder- und Jugendzentren und Hilfeeinrichtungen. Weiterhin werden Kinder noch immer nicht selbständig juristisch vertreten, sondern durch den Vormund (Eltern, Jugendamt).

Heute sind wir der Meinung, Kindheit sei Dank gesellschaftspolitischer Veränderungen ein eigenständiges Entwicklungsstadium, dass

Kindern die Möglichkeit einräumt, sich gemäß ihrem Alter, ihren Neigungen und Interessen zu entwickeln, ohne der Willkür Dritter hilflos ausgesetzt zu sein. Doch ist das tatsächlich so?

Wir rühmen uns mit der modernen kulturellen Errungenschaft, dass wir Kindern eine eigenständige Kindheit ermöglichen können, eine eigene spezifische Entwicklungsphase in ihrem Leben. Im Vergleich zu vergangenen Epochen mag das auf den ersten Blick so sein, denn früher wurden Kinder tatsächlich als kleine Erwachsene behandelt. Bei genauerer Betrachtung stellen wir jedoch fest, dass wir Kinder noch immer als Eigentum betrachten, Eltern gleichermaßen wie der Staat. Eltern maßen sich an, ihre Kinder permanent weg zu organisieren im Namen der Entwicklung und die Schulpflicht sperrt sie gleich ganz weg aus dem Allgemeinleben, im Namen der Bildung. Letztendlich überfrachten wir die Kinder mit unseren Ansprüchen und überfordern sie mit unseren ihnen auferlegten Aufgaben. Kinder werden in Kindergärten verfrachtet, in Vereine gestopft, in Schulen eingesperrt und mit elektronischen Medien ausgeknipst. Wir lassen Kinder nicht wirklich sich selbst sein. Kindheit heute heißt: Leistung, Anpassung und Konsumkonditionierung. Nicht wirklich ein Schonraum für eine freie, kindgerechte Entwicklung, oder? Die Lösung: Kinder einfach Kind sein lassen! Am besten

Frei von Druck, Verpflichtungen, Vorschriften
und Gewalt!

Arme Kindheit heute!

Braucht Freiheit Grenzen?

Im Zuge permanenter Bedrohungen ganzer Gesellschaften durch sogenannte Terroristen, stellen Staatstheoretiker und Politiker zunehmend den Begriff der Freiheit zur Diskussion und zur Disposition.

Freiheit ist ein Begriff, der per se Grenzenlosigkeit impliziert. Daher sind Versuche, Freiheit auf die Grenzen anderer zu beschränken nur begriffliche Behelfskonstrukte. Freiheit, die die Grenzen anderer achtet ist keine Freiheit mehr, sondern kann mit diesem Begriff erst gar nicht erfasst werden, denn das Achten der Grenzen anderer gehört in das Reich moralisch-normativer Begrifflichkeiten wie zum Beispiel Recht und Gesetz. Freiheit hat es qua Definition nicht nötig, die Grenzen anderer zu beachten, weil sie ja grundsätzlich die Freiheit eben auch der Anderen impliziert. Freiheit ist demnach ein Moralbegriff.

Wir Menschen machen es uns im Zuge unseres eingeschränkten Bewusstseins für absolute Dimensionen sehr schwer, Begriffe als solche zu erkennen und zu leben wie sie in ihrer Semantik prinzipiell codiert sind. Wenn der Mensch einen Begriff kognitiv nicht vollständig erfassen kann, dann grenzt er die begriffliche Definition nach seinem Erkenntnishorizont ein. Freiheit ist ein aktueller Begriff der Postmoderne, der verstanden wird als ein Phänomen, welches eng an Bedingungen geknüpft ist. So zum Beispiel: Demokratische Freiheit ist dem Wesen nach, die Freiheit der Mehrheit, Entscheidungen qua Mandat treffen zu dürfen und die Freiheit der Minderheit, ihre Meinung kund tun zu dürfen. Ergo ist demokratische Freiheit die Unterdrückung der Minderheit durch eine demokratisch legitimierte Mehrheit. Das sind die Spielregeln der Demokratie. In diesem Rahmen verstehen wir Menschen derzeit Freiheit als Wahlmöglichkeit. Freiheit findet in diesem Rahmen seine Grenzen in den Vorgaben wie wir als Mitglieder der Gesellschaft zusammenleben sollen.

Doch was ist mit denjenigen, die mit ihrem eigenen Freiheitsverständnis die im demokratischen Sinne beschriebene Freiheit anderer mittels Terroranschläge angreift? Wird da Freiheit beschnitten? Ja! Und zwar die Freiheit im Rahmen dessen wie sie politisch definiert wird. Das ursprüngliche, uruniverselle und spirituelle Prinzip der Freiheit wird ja bei terroristischen Angriffen, oder bei Morden und Entführungen etc. nicht berührt! Natürlich hat jeder Mensch sein in dieser Umwelt geprägtes Verständnis von Freiheit, aber es ist eben eine kollektiv definierte und auf deren Rahmenbedingungen reduzierte Begrifflichkeit der Freiheit. Die persönliche Freiheit, so wie sie jeder für sich in diesen eingrenzenden Rahmenbedingungen konstruiert und erlebt, die wird angegriffen bei jeder Grenzüberschreitung. Denn Töten, Unterdrückung, Krieg und Hass sind allesamt Reliquien aus einer auf Machtstrukturen basierenden Gesellschaftsform auf diesem Planeten. Wo Menschen Macht über andere ausüben, fühlen sich bestimmte Leute unterdrückt: Die Essenz: Gewalt gegen Gewalt. Das hat nichts mehr mit Freiheit zu tun, selbst für all diejenigen nicht, die für ihre so genannte Freiheit kämpfen, sie versuchen lediglich die eine Machtstruktur gegen die eigene Vorstellung von Macht auszutauschen. Und daher rührt die einengende, begrenzende Definition von Freiheit.

Würden wir alle so leben, wie es das Prinzip der Freiheit gebietet, dann würde es niemanden mehr geben der andere unterdrückt, niemand würde sich eingeengt fühlen, jeder könnte seine Bedürfnisse nach seinem Gusto ausleben können, keiner würde sich am Anderen echauffieren, es würde niemand einem anderen etwas wegnehmen, keiner stört sich am Anderssein des Anderen, die eigene Freiheit ist auch die Freiheit des Anderen: Freiheit ist Grenzenlosigkeit!

Doppelte Staatsbürgerschaft = Doppelte Stimme?

In Europa wurde am 25.05.2014, gewählt. Doch leider stimmt die Wahlaussage nicht. Warum? Weil bei dieser Europawahl Wähler mit doppelter Staatsbürgerschaft in ihrem jeweiligen Land, welches die Pässe einzeln ausweisen, eine Stimme für ein und dasselbe Parlament, nämlich das Europaparlament, abgeben durften. So zum Beispiel der Chefredakteur der Wochenzeit „Die Zeit", Giovanni Di Lorenzo, der seine Stimme einmal in Italien und einmal in Deutschland abgegeben hatte (Quelle: ARD: Günter Jauch, „Die Denkzettel-Wahl – Abrechnung mit Europa? 26.05.2014, 21:45; NDR). Unverblümt räumt er ein, dass er in beiden Ländern gewählt hatte. Jawohl: 20 Pässe, 20 Stimmen! Dabei weiß doch jeder normal denkende Demokrat: Mit einer solchen Regelung ist das Wahlergebnis verfälscht und die Wahl muss zwingend noch einmal wiederholt werden, weil dies – und das ist allen bewusst – letztlich kein Einzelfall gewesen ist. Das heißt, hier werden Parteien und Kandidaten bevorzugt, weil doppelt gezählt. Und das geht bei einer Wahl ganz und gar nicht. Jeder Bürger kann nur eine „Stimme" haben und nicht beliebig wie die Anzahl der Pässe. Nichts gegen die Anzahl der Pässe, aber das Wahlrecht muss hier dringend angepasst werden, und zwar so, dass jeder Bürger mit mehreren Pässen nur in einem Land seiner Pass-Wahl wählen kann.

Was mich dabei nur wundert, dass so ein gebildeter Mensch, wie der oben genannte Herr Chefredakteur, nicht von allein auf die Idee kam, in nur einem Land zu wählen. Hier sieht man halt auf sehr eindrucksvolle Weise wie gierig der Mensch im Grunde ist, egal aus welcher Schicht er kommt. Dass bei der doppelten Staatsbürgerschaft niemand an die doppelte Wahlmöglichkeit gedacht hatte, zeigt doch, dass die politische Kaste mit bestimmten Themen einfach nur heillos überfordert ist. Auf jeden Fall kann man festhalten, dass die Europawahl 2014 grundsätzlich wegen Verfahrensfehler nicht gültig ist. Also, wenn das beispielsweise in Timbuktu (Mali) passiert wäre, dann hätten die Wahlbeobachter und alle selbsternannten Weltpolizisten einen Aufschrei der Entrüstung von sich gegeben und gebrüllt: Die Wahl ist ungültig! In Europa spricht man dann halt lediglich von Kollateralschaden. Pech gehabt. Der berechtigte Einwand wird dann halt erst einmal für die nächsten Jahre in die Ausschüsse und Gremien geschickt, damit diese dann mit Genugtuung ein Gesetz vorschlagen, dass es dann Menschen mit doppelter Staatsbürgerschaft ermöglicht, die Stimmen zu Kumulieren anstatt auf eine Stimmmöglichkeit zu reduzieren. Hurra! Ein großer Wurf ist uns gelungen!

Armes Europa!

Gesellschaftswandel – Wie geht das?

Seit der Bildung der ersten Wildbeutergesellschaften vor 10000 Jahren, hat sich das, was wir soziologisch Gesellschaft nennen, immer weiter entwickelt bis zu den unterschiedlichen ideologischen, politischen und religiösen Gesellschaftsformen der heutigen Postmoderne; dabei ist zu verzeichnen, dass die Entwicklung weder linear verläuft, noch abgeschlossen ist und schon gar nicht von nur einer Person initiiert wurde.

Gesellschaftlicher Wandel, Umbruch oder gar Revolutionen sind stets Kulminationen differenzierter Ursachen. Hierbei sind zum einen die Gründe für Veränderungen in den jeweiligen Individualisierungsprozessen der Gesellschaftsmitglieder zu suchen, die dazu führen, dass ganz unterschiedliche Ideen für die Veränderung bestehender Verhältnisse mit verantwortlich sind und ihre Wirkung zeigen. Dabei ist es natürlich möglich, dass Einzelne Personen mit Ihren Ideen ganz besonders hervorstechen und sozusagen das Ruder in die Hand nehmen, um Veränderungen einzuleiten. Der Prozess jedoch wird von den Wirkungen der Handlungen aller mitbestimmt.

Zum zweiten ist die zunehmende Mobilität ein Faktor für gesellschaftliche Veränderungsprozesse. Sie erweisen sich als Notwendigkeit als Reaktion auf industrielle, dienstleistungs- und medienbezogene Arbeitsteilungsprozesse, die in Folge davon ganze Regionen in Bewegung setzen. Altersdemografische Verschiebungen und Ballungsgebiete setzen eine neue logistische Dynamik in der gesellschaftlichen Entwicklung in Gang, die dazu führt, dass hier materielle und geistige Anpassungsleistungen in den bestehenden Strukturen vollzogen werden, die von allen Gesellschaftsmitgliedern gleichermaßen „gemeistert" werden.

Zum dritten findet in Gesellschaften, neben der Individualisierung und Mobilisierung parallel eine Pluralisierung unter den Gesellschaftsmitgliedern statt, die als Folge von zunehmender Bildung (Wissen und Können) dazu führt, dass bestehende Strukturen in allen gesellschaftlichen Bereichen einem stetem Wandel unterliegen (z. B. Technik, Bewusstsein etc.), der beispielsweise durch „Lebenslanges Lernen" aller am Bildungsprozess Beteiligten bewältigt wird und weitreichende Folgen für den permanenten Wandel von Werten, Milieus und Lebensstilen hat.

Und zum vierten findet in der Postmoderne derzeit ein Umstrukturierungsprozess auf der Ebene des Sozialbewusstseins statt, der Menschen in Netz-Werken miteinander verbindet und somit einen Informations- und Kommunikationsfluss in Gang bringt, der in Lichtgeschwindigkeit um den Globus kreist und schier eine ungeahnte Sofort-Wirkung im Denken und Handeln bei den Netzwerkern auslöst. Neue Informationen werden mit alten Informationen im Gehirn in einer 1-zu-1-Situation umgewandelt und bewirkt eine gegenwärtige Einstellungs- und Handlungsveränderung, die bereits in der Wirkung sofort spürbar wird und in der Masse und Langfristigkeit eklatante Auswirkungen auf alle gesellschaftlichen Systeme hat und beispielsweise im zunehmenden Willen mündet, sich nicht länger von Organisationen aller Art unterdrücken oder in die Irre führen zu lassen.

Es ist also ersichtlich, dass eine gesellschaftliche Veränderung immer mit den vier oben genannten Faktoren in Verbindung steht. Und seien wir uns gewiss: Die Veränderung aller Systeme findet jeden Tag schleichend aber sichtbar statt. Das Zeitalter der Bewusstheit ist angebrochen und wird alle veralteten Krusten und Hierarchien aufbrechen, wie es zuletzt 1989 auf deutschem Boden von einem ganzen Volk friedlich vorgelebt wurde.

Verpasster Reichtum

In Deutschland herrscht in weiten Teilen der Bevölkerung eine offene Aversie gegen Reichtum vor – und nicht nur bei den Armen. Welchen Ressentiments der Reichtum begegnet, hat vielschichtige Gründe und Spielarten.

Wenn die Deutschen über Reichtum reden, dann entweder in Scham oder voller Neid. Es ist daher auch kein Wunder, dass der Durchschnittsdeutsche nicht reich werden kann, weil er im Grunde nicht reich denkt. Die Quelle der Negativaffirmationen ist vielseitig und hat sich über Jahrhunderte in den Volksmund eingeprägt. Da wäre zum Beispiel eine der bekanntesten Aussage zu benennen, dass nur Morgenstund' Gold im Mund habe. Hier wird auf eindrucksvolle Weise deutlich, dass man nur Reich werde, wenn man Früh aufstehe oder frühzeitig auf einen Trend reagiere. Alle anderen Bemühungen führen nicht zum Erfolg. Das ist eine Form der Arroganz des Reichtums, die alles vermeintlich Minderwertige verachtet. Hier legt der Reichtum den Grundstein zur Ablehnung seines Phänomens im Volk. Aber auch der volkstypische Ausdruck aus der Bibel, dass der Reiche immer reicher und der Arme, der nichts hat, das Letzte auch noch genommen würde, immer ärmer würde. Das ist eine unglaubliche Analogie, die ins Reich der Märchen gehört, weil es schlicht nicht möglich ist, dass der Reiche auf Kosten des Armen lebt, denn wenn der Arme nichts mehr hat, dann kann auch der Reiche nicht mehr reicher werden, da nichts mehr da ist um es dem Armen wegzunehmen. Aber auch die Tatsache, dass der Arme tatenlos seinem Schicksal erlegen sein soll, während der Reiche aktiv sein Guthaben akkumuliert ist schlichtweg falsch, da hier diffamierend impliziert wird, dass der Arme nicht entscheidungs- und handlungsfähig zu sein habe. Und dann ist da noch der alles überbietende Ausspruch „Geld stinkt". Hierin entlädt sich der ganze Neid auf alles was auch nur den Anschein von finanziellem Reichtum zum Ausdruck bringt. Drücke dem Neidhammel viel Geld in die Hand und der wird voller Wollust daran riechen! Auf diese Art lassen sich noch vielerlei Negativgedanken über Geld und Reichtum anführen wie beispielsweise: „Lieber gesund und arm als reich und krank", oder „Mit Geld kann man Glück nicht kaufen". Diese Fehlweisheiten sind allesamt Ausdruck einer tief geprägten und gestörten Einstellung gegenüber Gesundheit, Wohlstand und dem Schöpfungsgedanken. Aber woher kommt diese negative Volksweise gegenüber dem Wahren, Schönen, Guten? Bereits in deutschen Märchen bekommen wir mit der Lesemilch alle negativen Attitüden gegen reiche Menschen eingetrichtert. Wir lernen vermeintlich wichtiges für's Leben: Die Reichen sind böse, sie sind schlecht und ungerecht. Die Comic-Industrie setzt sich auf diesen Trend und lässt z. B. den armen Schlucker Donald

Duck als Held erscheinen, während der reiche Onkel, Dagobert Duck, als griesgrämisch, cholerisch, gierig und als undankbar gilt. Weiterhin werden reiche Nachbarn neidisch für ihren Wohlstand verteufelt und schlecht geredet und Menschen, die viel arbeiten und damit auch noch reich werden, sind mit großem Abstand zu meiden. Und daher erachten wir das Arme, kranke und unzulängliche ständig für erstrebenswert. Dabei sind wir nur neidisch darauf, dass wir selbst es nie geschafft haben, eigenverantwortlich dafür Sorge zu tragen, dass wir entsprechenden Reichtum schöpfen können und für bestehenden Reichtum dankbar sind. Nein, wir verurteilen lieber Menschen für ihre Leistungen, für ihr Glück und für ihre positive Lebensenergie, anstatt uns mit unseren eigenen Gedanken und den damit verbundenen falschen Einstellungen zu beschäftigen. Zu dem ganzen Reichtumshass kommt paradoxerweise noch hinzu, dass wir die allergrößte Armut ebenso verteufeln wie den Reichtum. Denn sobald ein Landstreicher des Weges daherkommt, sträuben uns die Nackenhaare und wir begutachten dieses arme Wesen mit Argusaugen, glauben, er will uns bestehen, anbetteln und uns ausnutzen. Ganz im Ernst: Da stimmt doch grundsätzlich etwas nicht in unserer Haltung, oder?

Was Kinder brauchen

Der Mensch ist ein freiheitsstrebendes Wesen mit der inneren Programmierung auf Selbstständigkeit. Die Natur hat den Menschen mit einem Gehirn qua Funktion mittels Plastizitätseigenschaften ausgestattet, die es ihm erlauben, neues Wissen zu generieren mit dem er in der Lage ist, eigenständige und sowohl auf logische als auch andersartige Schlussfolgerungen basierende erkenntnistheoretische und lebenspraktische Entscheidungen zu treffen. Mit dieser inneren Ausstattung ist der Mensch Konstrukteur seiner eigenen Wirklichkeit, in die er sich ungern von außen, und schon gar nicht per „zwang", hineinreden lassen möchte. Dieser Bewusstseinsvorgang ist von Anbeginn des menschlichen Lebens angelegt. Bereits das Neugeborene spielt parallel neben seinem Instinktprogramm der Versorgungssteuerung und dem Vegetativprogramm des Wachstums auch ein innerpsychisches Verselbständigungsprogramm ab, in dem es Informationen aus der Umwelt aufnimmt und in seine biologische angelegte Speichervorrichtung namens „Gehirn", hier: Gedächtnis, via neuronales Netzwerk ablegt. Jede neue, durch die Sinne wahrgenommene Information wird diesem neuronalen Netzwerk hinzugefügt und bildet im Laufe der Zeit ein eigenes Abbild der Realität des Kindes. Hieraus kann das Kind schöpfen und sich in der Welt nach und nach selbstständig orientieren. Durch diese Orientierung nimmt das kindliche

Gehirn wieder neue Informationen auf, verknüpft diese mit dem bestehenden neuronalen Netz und erweitert somit seinen Kompe-
tenz- und Handlungsspielraum. Man sieht
also, die Grundlage für die Entwicklung des
Menschen besteht in der Selbstorganisation-
fähigkeit! Dies ist der bio-psychologische
Background für das, worauf die Bedürfnisse
eines Kindes gründen. Aus dieser Grundla-
generkenntnis heraus fragen wir uns nun:
Was also braucht das Kind?

These 1:
Kinder brauchen sich selbst!

Kinder benötigen die Möglichkeit, sich selbst
wahrnehmen und reflektieren zu dürfen und
sich ein eigenes Selbstbild zu kreieren, um
ein echtes und unverfälschtes Selbstbewusstsein über sich selbst entwickeln zu können.
Insbesondere das Bedürfnis nach sich selbst
ist für eine freie Entwicklung der Selbstaktua-
lisierungstendenz des Kindes zwingend von
Nöten, um ein kongruenter, wertschätzender
und solidarischer Mensch zu bleiben.

These 2:
Kinder brauchen Zeit!

Kinder haben in unserer Gesellschaft 18
Jahre lang Zeit, sich zu einem erwachsenen
Menschen zu entwickeln. Es ist in diesem
Sinne nicht zweckmäßig die Entwicklung zeit-
lich zu kategorisieren oder gar künstlich zu

beschleunigen oder unter Zwang zu bremsen, weil der Organismus des Menschen seine jeweils eigene genetische Zeitspanne der Reife vorgegeben hat, die den Weg weist, welcher Mensch was zu welchem Zeitpunkt körperlich und kognitiv lernen „muss".

These 3:
Kinder brauchen interne Bezugspersonen!

Kinder brauchen Eltern (oder elterliche Pflegepersonen) mit Herz und Hand, die sie verstehen, gedeihen lassen, fördern, fordern und einfach sein lassen wie sie sind. Eltern haben die Funktion, insbesondere den ganzheitlichen Bereich der menschlichen Existenz von Kindern vertrauensvoll zu gestalten und liebevoll zu begleiten, damit Kinder eine neurosenfreie, bewusste und gefestigte Innenwelt aufbauen können, die sie mit Mut und Vertrauen nach außen hin ausleben können.

These 4:
Kinder brauchen externe Bezugspersonen!

Ob Pflegeerziehungsberechtigte, professionelle Betreuer oder Trainer etc., Kinder brauchen externe erwachsene Menschen um sich herum, die sie als Vorbilder annehmen können, um hieraus die unterschiedlichen Modelle der Einstellungen und des Verhaltens miteinander und mit den Eigenen Einstellungen und dem eigenen Verhalten vergleichen zu können, damit sich hieraus ein gefestigtes

Bild im Umgang mit den Menschen innerhalb der unmittelbaren Umwelt entwickeln kann.

These 5:
Kinder brauchen Gleichaltrige!

Für die Entwicklung eines vergleichenden Selbstbildes ist es sinnvoll, dass Kinder und Jugendliche sich mit Gleichaltrigen umgeben können. Der Vergleich körperlicher, geistiger, emotionaler, sozialer und moralischer Entwicklung gibt Kinder ein Instrument an die Hand, mit dem Sie in die Lage versetzt werden, die Stellung des eigenen Selbst realistisch einschätzen zu können. Der Umgang mit Gleichaltrigen schafft daher Identität, Selbstbestimmung, Freundschaften und Solidarität.

These 6:
Kinder brauchen Räume!

Da das Kinder- und Jugendalter jeweils ein eigenständiger Entwicklungsabschnitt des Lebens ist, benötigen sie eigene räumliche Umgebungen, in denen sie ihre spezifischen Fähig- und Fertigkeiten ausprobieren und zum Ausdruck bringen können. Räumlicher Rückzug und die damit verbundene temporäre Isolation von der Erwachsenenwelt dienen der eigenen Psychohygiene, frei, unbeeinflusst und in einem kreativen Reflexionsprozess über sich selbst nachdenken zu können.

These 7:
Kinder brauchen Lernfreiheit!

Das Lernen im Kindesalter ist von aktivem Interesse und Selbstregulation gekennzeichnet. Hierzu benötigen sie keine institutionalisierten Lernzwangsanstalten. Kinder lernen am effektivsten, wenn zwei Grundbedingungen erfüllt sind: 1. Situierung: Kinder legen situativ selbstständig fest, was sie lernen wollen und in welchem Tempo sie das bewerkstelligen. 2. Kontext: Kinder suchen sich eigenständig Lernpartner, mit denen Sie auf die Suche nach Antworten auf ihre Fragen zur Lebensgestaltung gehen.

These 8:
Kinder brauchen gesunde Lebensumfelder!

Die Lebensumgebung von Kindern wird von Kindern neugierig und intensiv exploriert. Kinder erleben ihre Umgebung wie Familie, Schule, Wohnumfeld etc. als ihren Gestaltungsraum, in dem sie Ihre Lernerfahrungen machen. Daher ist es zwingend notwendige, dass die Erwachsenenwelt Kinder physisch und psychisch gesunde Umgebungen herstellen, die Kindern Anregung, Freude, Ausdrucksmöglichkeiten, Bewegung und Mitgestaltung ermöglichen.

These 8:
Kinder brauchen Freude!

Kinder lachen gerne. Kinder lachen deshalb gerne, weil sie noch nicht so viel nachdenken und alles noch mit viel Gefühl erleben. Kinder leben noch ganz verrückte Gedanken und Gefühle aus und stellen sie in einen kreativen Zusammenhang, der auf sie selbst komisch wirkt. Lachen ist eine natürliche Droge, das Freudenhormone ausschüttet. Daher sorgt ein freudvoller Umgang mit Kindern für eine Entwicklung auf den Gebieten der Gelassenheit und Zuversicht.

These 9:
Kinder brauchen keine Grenzen!

Kinder sind Meister ihres Selbst. Sie wissen in der Regel von Anbeginn ihres Lebens was sie wollen und was sie brauchen. Sie probieren sich aus und geraten darin an ihre eigenen Grenzen. Das freie Ausprobieren von kindergerechten Tätigkeiten minimiert Verletzungs- und Unfallgefahren durch das intensive Erfahren von eigenen Kompetenzen und Fertigkeiten. Daher müssen in für Kinder originären Situationen die Grenzen sie nicht von Erwachsenen vorgegeben werden.

These 10:
Kinder brauchen Fantasie!

Magie, Parabeln, Animismus, Zauberei, Irrationalitäten, Perspektivenverzerrungen, Egozentriertheit, Artifizialismus uns vieles mehr beflügeln die kindliche Fantasie. Kinder neigen gerne zu Übertreibungen in ihren Auffassungen, die ihnen dazu verhelfen, ihre natürlich eingeschränkte Position gedanklich und gefühlsmäßig zu transzendieren. Fantasie sorgt für eine erhöhte Assoziationskompetenz bei Kindern, die sie befähigen, kreative Lösungen für die Lebensanforderungen zu generieren.

Insgesamt lässt sich feststellen, dass Kinder in ihrem Freiheitsdrang die Welt zu erfahren, zu lernen, auszuprobieren und mit zu gestalten weder permanent Kontrolle, Überwachung und Zurechtweisungen benötigen. Kinder brauchen Erwachsene, die Kinder lassen wie sie sind: Nämlich wunderbare Wesen mit der Fähigkeit, sich noch frei und ungezwungen zum Ausdruck zu bringen, frei von kulturellen Normen und Konventionen. Hier könnten wir sogenannte Erwachsene uns eine gehörige Scheibe abschneiden, und lernen, so zu leben wie wir sind: Frei!

Glaube

Glaubensfragen aller Art beschäftigt die Menschheit seit je her. Ob der Glaube an Gott oder an materielle Dinge, an das Gute oder ans Böse usw., die Beweggründe für den Glauben an alles Mögliche liegen verborgen im Bewusstsein des Individuums über sich selbst, von der Welt und von der Interaktion untereinander. Nichts hat die Menschen im Laufe der Historie mehr polarisiert als die Ideologisierung des Glaubens und nichts beeinflusst den Alltag nachhaltiger als Glaubensbekenntnisse und Glaubenssätze. Dem Glauben liegen zwei widerstreitende Kräfte inne: die Destruktion und die Konstruktion. Welche der beiden Parteien am Ende siegen mag, ist, gemäß der Weisheit letzter Schluss, auch wiederum nur eine Glaubensfrage.

Der Mensch ist durch seine kognitive Begabung zur Beurteilung der Welt neben dem Instrument seines Bewusstseins neben den philosophisch anerkannten Erkenntnismethoden auch an Glaubenssysteme gebunden. Der Glaube an etwas wird gesteuert durch die eigene Einstellung gegenüber äußeren Bedingungen sowie durch die Beeinflussung von außen. Die Beurteilung der Welt durch das Individuum erfolgt somit durch das ureigene Glaubensbekenntnis an etwas Ideelles oder Dingliches. Doch was ist eigentlich Glaube? Der Glaube ist ein Gedankensystem der Wirklichkeitskonstruktion. Das woran der Mensch glaubt, ist für ihn integraler Bestandteil der Begründung seiner menschlichen Existenz mitsamt seinen Haltungen und Handlungen. Hieraus bildet das Individuum seine ureigenen Glaubenssätze. Der Mensch glaubt, also ist er, und zwar das was und wie er glaubt. Mit einfachen Worten: Das Glauben an etwas ist für den Glaubensträger Wirklichkeit. Dabei spielt der Inhalt des Glaubens keine allzu große Rolle. Das was den Glauben ausmacht ist die persönliche gedankliche und emotionale Bindung an den Inhalt. Nicht der Inhalt wird somit zum Fokus des Glaubens, also die Sache an sich, sondern allein die moralische Bewertung des Inhalts, also die Intensität des Glaubens an den Wert des Inhalts. Dies ist dann als Prozess der Ideologisierung des Glaubens zu werten, also als Überbewertung des eigenen Glaubens gegenüber den Glaubenssätzen anderer Menschen. Ob die Inhalte des Andersgläubigen sachlich richtig gegenüber den eigenen Glaubessätzen sind spielt beim Durchsetzen des eigenen Glaubens keine wesentliche Rolle und wird sogar willentlich ignoriert, um eine egozentrische Aufwertung der eigenen Meinung und eine diffamierende Abwertung des Andersdenkenden zu bewirken. Die meisten Menschen glauben lieber ungeprüft an etwas anstatt sich mit fundiertem Wissen auseinanderzusetzen, denn letzteres benötigt logisches und analytisches sowie dialektisches und differenziertes Denken, was dem Gläubigen durch seine einseitig monokausalen Denkstrukturen gänzlich fehlt. Dieser Sachverhalt ist im Alltag immer wieder sehr plastisch zu beobachten. Grundsätzlich glauben wir alle daran, dass wir fehlerfrei sind und all die anderen Idioten schuld an einer bestimmten Misere sind. Das ist einfach und bedarf keiner aufwendigen Überprüfung. Allein der Glaube an die eigene Unfehlbarkeit dient als Rechtfertigung für das vermeintliche Fehlverhalten anderer. Hier lautet das Motto: Ich glaube, also bin ich besser. Eine weitere Fehlsteuerung des Glaubens gegenüber besserem Wissen ist die Tatsache, dass praktisch an alles geglaubt werden kann. Die Glaubensgedanken sind frei und der Gläubige praktiziert dies auch lebhaft in seiner Umwelt. Die Zurschaustellung des eigenen Glaubens an Gott und die Welt ohne fundierte Kenntnisse vom Sein und Wirken der Dinge in der Realität ist eine der weit verbreiteten Irrhandlungen von Menschen, welche in ihrer Konsequenz von Missverständnissen, Diffamierungen, Diskriminierungen und Vorurteilen zeugen. Als beliebte Beispiele dienen hier die stereotypisierten Negativbeurteilungen wie „ich glaube, der Kollege ist …“, „ich glaube, die Nachbarin ist …“, "ich glaube, der Chef ist…","ich glaube, der spinnt…" und so weiter. Am Ende zählt nicht was wirklich ist, sondern was als wahr geglaubt wird. Hier lautet das Motto: Ich glaube, also ist das wahr. Weiterhin finden wir noch das unanfechtbare Glaubenssystem an den Mammon und an seine materiellen Artverwandten. Der Glaube an das Geld und an einen unbegrenzten materiellen Reichtum mit seinen Begleiterscheinungen der Ausbeutung der ökonomischen, ökologischen und humanen Ressourcen des Planeten ist durch seinen Risikofatalismus bei paralleler Zerstörung der Lebensgrundlagen die gefährlichste Glaubenshaltung der gesamten Menschheit. Hier spielen sich Politik, Wirtschaft und Wissenschaft durch interessenssichernde und lobbyistische Machtansprüche brav in die Hände und marschieren gedeckt von Polizei und Militär unbeirrt gegen jeden andersdenkenden Widerspruchsgeist. Daneben ist da noch der Glaube mit religiösem Hintergrund als Widersacher der Vernunft zu identifizieren. Hier finden wir neben dem irrsinnigen Aberglauben, dem Glauben an Dinge die es faktisch nicht gibt, weitere radikal-fundamentalistische Glaubensfanatiker was sich allein schon in der arroganten polarisierenden Haltung des Papstes mit seinem omnipotenten Wahrheitsanspruch gegenüber andersgläubigen Christen zum Ausdruck bringt. Weiterhin finden wir die militant-puritanischen Protestanten aus den Reihen der amerikanischen Republikaner oder die islamistischen Gotteskrieger mit ihrem Rechtsanspruch an der göttlichen und säkularen Wahrheit gleichsam. Bei all diesen Glaubensfanatikern zählt nicht eine auf rational begründeten Erkenntnisprozessen gesteuerte Kooperation, sondern einzig die Destruktion des Anderen. Das Motto dieser Glaubensrichtung lautet frei: Ich glaube, also habe ich Macht. In diesem Sinne besticht das destruktive Bild durch die Ultima Ratio: Der irrationale Glaube ist der Mörder der rationalen Vernunft – homo homini lupus! Zuletzt ist da aber Gott sei Dank noch eine neue Glaubensrichtung am geistigen Horizont der Menschheit erkennbar: Der Glaube an das Positive Denken. Hier erzeugt der Glaube die Krönung seines Selbstverständnisses. Der Glaube an das Gute erhebt sich als Kontrapunkt zum Glauben als reine irrationale Wahrheitsrechtfertigung. Der Glaube avanciert zum Synonym für alles Gute, für das Positive und Konstruktive. Hier strebt erstmals eine neue rationale Macht mit naturgegebener Autorität empor. Der Glaube erhebt sich als Zuversicht der Niederkunft des Reiches Gottes im Sinne einer guten, für alle Menschen auf kooperativer Ebene nützlichen und schöpferischen Entwicklung. Der Glaube an das wahre Gute, an das existenziell positive, an des wohlwollend und liebevollen Schöpfungsplan Gottes ist die einzige legitime Daseinsform des Glaubens. Sie gebärdet sich weder machtvoll noch herrschaftlich, sie unterdrückt nicht und wächst doch fort und fort, wirkt unaufhaltsam auf die Evolution der Menschheit hin zu einem Wesen, welches im Glauben an die schöpferischen Gesetze des Universums den Menschen für den Menschen da sein lässt. An dieser Stelle vereinen sich die Kernaussagen aller Religionen zu einer spirituellen Wahrheitserkenntnis: Der Glaube ist der Same der Schöpfung und des Heils!

Spiritualistik

Die akademischen Fakultäten dieser Welt haben es bislang nicht geschafft, Gesamtlösungen für die philosophischen, sozialen, wirtschaftlichen, ökologischen und seelischen Entwicklungsaufgaben der Menschheit zu präsentieren. Im Gegenteil, der Planet und seine Lebewesen erkranken seit der Installierung der auf Unterdrückung basierenden Herrschaftsverhältnisse zunehmend am erbitterten Kampf der Ideologien um die Vorherrschaft an der absoluten Wahrheit. Die Einführung des Studiengangs „Spiritualistik", ein universeller und eklektischer Zusammenschluss aller Disziplinen, ist in der Lage, die Interessen der vorherrschenden Machtstrukturen zugunsten kooperativer, kreativer und geistiger Denk- und Handlungsstrukturen zum Erhalt und friedlicher Weiterentwicklung aller Lebensgrundlagen der vom göttlichen Prinzip erschaffenen Schöpfung zu ersetzen.

Im Zuge der eingeschränkten Sichtweise auf ihre spezialisierten Aufgabengebiete sind die Schul-Wissenschaften entsprechend kompetenzgeeicht und daher von ihren Einstellungen nicht fähig und nicht willens über ihr Fachgebiet hinaus über den Tellerrand zu schauen, um die von ihnen entwickelten geistigen oder materiellen Produkte in einen eklektischen Gesamtkontext globaler Entwicklungsaufgaben zu stellen. Jede Akademie wurschtelt isoliert vor sich hin und spricht der jeweils anderen Disziplin in arroganter Weise die Fähigkeit eigenständiger Erkenntnisprozesse ab. In diesem Sinne sind die Fachrichtungen allesamt der Meinung, die einzige absolute Wahrheit der Welterkenntnis zu besitzen. Niemand ist bereit, seine Erkenntnisse in einen größeren Gesamtzusammenhang einzubinden, um somit spirituelle Prozesse wie Freiheits- und Friedensbestrebungen, Kreativität, Kooperation oder vernetztes und barrierefreies Denken zur Lösung von weltweiten Multiproblematiken zu initiieren.

Die Spiritualistik ist die logische Konsequenz auf die Entwicklung dieses gewollten Zunftmisstandes und ist mit ihrer Fragestellung nach dem den Dingen innewohnenden geistigen Prinzip eine Universaldisziplin zur Auflösung monokausaler Sichtweisen. Daher erhebt die Spiritualistk keinen Alleinanspruch auf die absolute Wahrheit, da es im Zusammenspiel aller differenzierten Wirklichkeiten keine ultima ratio, also auch keine Absolutität bzw. der Weisheit letzter Schluss geben kann, denn, nomen est omen, allen Wirklichkeiten wohnt ein Steuerungsmechanismus, ein sinnhaftes Ziel, eine Geistigkeit inne, mittels dessen sie ihre Erkenntnisse mit den Erkenntnissen anderer in konstruktive Beziehung setzen, um sprechend des Schöpfungswillen Gottes eine kooperative Entwicklung auf allen Ebenen zu initiieren.

Die Spiritualistik ist die Forschung nach und die Lehre von den geistigen Prinzipien des Seins der Wesen, Dinge und Prozesse. Alles Reale und Wirkliche beherbergt jeweils einen geistigen Daseinsgrund, eine Zielrichtung und eine Beziehung zu seiner Umwelt. Die Forschung der Spiritualisitk untersucht dabei das universelle Prinzip der symbiotischen Dualität von Geist und Materie. Die Lehre gibt die Erkenntnis weiter, dass Geist und Materie unmittelbar miteinander verbunden sind. Die Ausgangsthese ist bestimmt von dem uralten Wissen, dass Geist Materie formen und Materie Geist hervorrufen kann. Die universelle Disziplin der Spiritualisitk legt bei dieser Betrachtungsweise keine Denkrichtung vor, ist freigeistig tätig und akzeptiert jede Meinung über das Wesen des Seins. So haben alle Ideologien, Disziplinen und Einzelerkenntnisse gleiche Gültigkeit im Gesamtkontext der göttlichen und menschlichen Schöpfung. Nichts wird ausschließlich als richtig und nichts als falsch anerkannt. Alles ist. Hierin findet sich die Kernerkenntnis der Spiritualistik wieder: Alles ist, so wie es ist. Die Handlungsebene der Spiritualistik erhält ihre Legitimation durch die Erforschung, Lehre und Publikation der Wirkung des Seins in der Realität und in den Wirklichkeiten der Individuen und Organisationen aber auch darin, dass sie Fragen danach stellt, was schafft das Sein, woraus schöpft es sich, wer steuert es, wie macht es sich bemerkbar, wann oder an welchem Ort tritt es auf und welchen Sinn hat es?

Ausgebremst – Warum wir selten tun was wir wollen.

Erinnerst du dich noch daran, wann du zuletzt etwas aus Leidenschaft getan hast? Erst gestern? Jeden Tag? Dann brauchst du hier nicht weiter zu lesen, denn das, was hier steht, ist dann nicht das was du brauchst. Und wenn du es doch liest, dann anscheinend aus leidenschaftlicher Not heraus, ständig von irgendetwas ausgebremst zu werden.

Was ist eigentlich Leidenschaft? Manche Zungen behaupten es sei etwas was Leiden schafft. Ist das so? Die Bedeutung von Leidenschaft liegt in der Inbrunst, die man gegenüber jemandem, einem Ding oder einem Ereignis empfindet. Hierbei geht um die Äußerung von ganz besonders starken Gefühlen. Um den Einsatz, den man bringt, um etwas zu erreichen. Um das Glühen im innersten seines Herzens. Dran ist nichts, worunter man leiden sollte, ansonsten handelt es sich hierbei um masochistische Züge, also um eine neurotische Neigung der Leidenschaft. Die klammere ich allerdings in diesem Sinne hier aus.

Wir alle kennen das: Wir haben eine Idee und fühlen dabei einen unendlichen Drang danach, diese Idee umzusetzen. Doch halt: Bereits nach einigen Sekunden kommen die ersten Zweifel an der Idee. Plötzlich geht dies und jenes nicht, dieser und jener könnten etwas dagegen haben, man selbst findet sich nicht kompetent genug und so weiter. Danach ist die Leidenschaft innerhalb des kürzesten Zeitraums wieder erloschen. Dieses Spiel macht man dann ein paar Mal, bis einem die Erfahrung irgendwann lehrt, das klappt ja sowieso alles nicht. Das Ende vom Lied: Man hört auf Leidenschaft für irgendetwas zu empfinden, das Feuer für Ideen ist erloschen, man lebt nach Notwendigkeiten. Mentaltod nennen wir das! Ein äußerst trauriger Zustand.

Das Vertrackte an dieser Situation ist, dass es viel zu viele Stimmen gab und immer noch gibt, die immer wieder alles totreden, alle Zweifel aufkeimen lassen, die Freude am Tun ersticken und dich von deinem Traumtrip runterholen. Immer und immer wieder. Da sind die Eltern, die einem ständig alles verbieten was Spaß macht und Eigensinn erzeugt. Da ist der Kindergarten, der bereits so früh an einem herumdoktert, dass man als Kleinkind Phantasie nicht mal als Wort kennen lernt. Da ist die Schule, die nur den Ernst des Lebens im Lehrplan stehen hat und jegliche Spontaneität und Kreativität für immer stutzt. Da sind die Freunde, an die man sich anpassen muss, will man dazu gehören. Da sind die Vereine mit ihren Statuten, nach denen man sich auszurichten hat, sonst lernt man ganz schnell „fliegen". Da sind die Ausbilder, Dozenten und sonstige professionelle Mentoren, die einem mit ihren Theorien allen eigenständigen Wind aus den Segeln nehmen, dass man nicht mal mehr in der Flaute spürt, dass man lebt. Da ist die eigene Familie, die Versorgung und Verantwortung fordert und der Beruf, der einen von 9 to 5 gefangen nimmt. Der Staat, die Banken, die Nachbarschaft und alle selbst ernannten Unterdrücker der Nation, die alles und jeden kontrollieren bis zum letzten Atemzug und sogar darüber hinaus. Und das tagtäglich und bei allem was man tut. Einzig die Zweifel haben die verinnerlichte Freiheit, an einem zu nagen bis man nur noch regiert und nicht mehr agiert.

So schlimm? Nein, gar nicht! Mit ein wenig gesundem Menschenverstand ist es nämlich möglich, den angepassten Ausbremsern die Macht über dich zu nehmen. Das Zauberwort heißt: Entziehen! Ja, ich sehe schon, jetzt hagelt es einen Sturm von Fragen: Wie soll das denn gehen? Das ist doch gar nicht möglich! Die Rahmenbedingungen sind doch vorgegeben! Wenn man nicht macht was die wollen, dann hat man doch nur Ärger am Hals! Und so weiter und so fort. Womit wir wieder ins gleiche Horn der Ausbremser blasen. Und genau das wollen wir ja nicht. Exakt dieser Haltung mit seiner ausbremsenden Denkweise müssen wir entgegnen mit einer neuen Haltung, einem lebensbejahenden, selbstständigen und auf Befreiung ausgerichteten Denken. Und das ist im Grunde genommen ganz einfach, man muss es nur wollen: Immer, wenn dich jemand ausbremsen will, dann gibst du Gas! Das heißt, es gibt in diesem

Moment zwei Möglichkeiten der aktiven Reaktionsweisen: Die erste Reaktion besteht darin, den Informationsfluss zu unterbrechen, der von den Ausbremsern zu dir fließt, indem du dafür sorgst, Bedingungen zu schaffen, in denen du nicht hinhören musst: Sich vom Manipulierer entfernen, ihn stehen lassen, nicht an sich heran kommen lassen, ihn ignorieren, Beziehung beenden, Medien abschaffen, keine Zeitung lesen, nicht mit Nachbarn oder Kollegen lästern uns so weiter und so fort. Sollte das nicht so einfach für dich sein, dann greift garantiert die zweite Reaktionsweise: Hör' dir einfach in Ruhe und völlig emotionslos an, was der Ausbremser von dir will und mache dann genau das Gegenteil von dem was er von dir erwartet. Sollte der Ausbremser anschließend seine Schlechte-Gewissen-Argumentation anwenden, hörst du geflissentlich darüber hinweg. Diese Vorgehensweise hat den Vorteil, dass du im Laufe der Zeit resistent gegen die Argumente und den Klauen der Motivationsvernichter wirst. Denn du weißt ja was sie grundsätzlich immer von dir wollen und du kannst künftig entsprechend gelassen auf deren Aufgeblasenheit reagieren.

Wie du siehst, wirst du durch eine eigene befreiende Reaktion auf die Manipulationsversuche der Ausbremser wieder handlungsfähig. Erst durch eine lebendige Trotzreaktion aktivierst du wieder deine Leidenschaft für das was du willst. Gelassene Ablehnung des

Einflusses durch die Ausbremser erzeugt demnach Kraft, Energie und Leidenschaft am selbstständigen Denken und Handeln. Wir sind zu dem Schluss gekommen: Zum passionierten eigenständigen und liebevollen Denken, Fühlen und Handeln gibt es keine Alternative!

Zwölf Gründe, warum Menschen sich erfolglos und unglücklich fühlen

Wenn Menschen sich danach fragen, warum sie eigentlich kein erfolgreiches, glückliches, angstfreies, zuversichtliches und zufriedenes Leben führen, oder warum sie immer nur Pech haben und das Leben als anstrengend und belastend empfinden, dann liegt das begründet in der negativen Ausrichtung der 12 Lebensressourcen, die auf die Persönlichkeit wirken und einen Nocebozustand generieren. In der Regel verbinden wir Erfolg stets mit Leistungsdenken. Leistung ist aber nur abrufbar, wenn man die persönliche Einstellung, also eine positive Energie für Leistungsfähigkeit mitbringt. Es reicht eben nicht alleine aus, Disziplin zu lernen, Strebsamkeit an den Tag zu legen oder Durchsetzungskraft und sich sonstige mit Erfolg verbundene „kalte" Attribute anzueignen. Der Schlüssel zu einem erfolgreichen und glücklichen Leben liegt in 12 essenziellen „warmen" Lebensressourcen begründet.

Positives Denken:
Man kann kein Erfolg haben, wenn man eine negative Grundeinstellung jedem und allem gegenüber hat. Was nutzt es, wenn man sich beispielsweise Reichtum wünscht und dies zum Ausdruck bringt, aber im nächsten Moment innerlich fühlt, dass man sowieso kein Glück hat, um reich zu werden? Erfolg lässt sich nur durch Positives Denken herstellen!

Gelassenheit:
Es wird nichts mit der Zufriedenheit im Leben, wenn man ständig innerlich unter Strom steht und sich über alles Aufregt. Was nutzt es, wenn man nach außen hin ständig Energie aufbringen muss, um die Fassung zu bewahren aber innerlich praktisch am „Platzen" ist? Erfolg lässt sich nur einstellen, wenn man sich in beharrlicher Geduld übt!

Geborgenheit:
Niemand kann glücklich sein, wenn er seinen Mitmenschen gegenüber distanziert auftritt. Was nutzt es, von anderen zu fordern auf einen zuzugehen, wenn man innerlich nicht bereit ist, Nähe zuzulassen? Erfolg ist nur erlebbar, wenn man sich anderen Menschen gegenüber öffnet!

Achtsamkeit:
Ein Mensch kann nicht zufrieden mit sich und der Welt sein, wenn er sich selbst und andere in ihrer Wirksamkeit missachtet. Was nutzt es, wenn man die Leistung und Wirkung anderer Menschen missachtet und dabei die eigene Wirkung auf andere Menschen aus den Augen verliert? Erfolg lässt sich nur erkennen, wenn man aufmerksam durch die Welt geht!

Glaube:
Man kann nicht glauben, eine Unternehmung erfolgreich anstreben zu wollen, wenn man keine tiefe Zuversicht in den Erfolg der Unternehmung hat. Was nutzt es, wenn man sich in

eine Planung hineinstürzt und dennoch voller Skepsis über den Erfolg der Unternehmung ist? Erfolg kommt von allein zu einem, wenn man von innen heraus die Hoffnung versprüht, dass alles gut ist!

Sinn:
Es macht keinen Sinn, Erfolg zu wollen, wenn man nicht weiß wo man hin will im Leben. Was nutzt es, eine Sache zu planen und durchzuführen, wenn man selbst keinen nennenswerten Sinn in der Sache sieht? Erfolg wird nur erreichbar, wenn man sich sinnvolle Ziele setzt.

Moral:
Es wird niemand den Wert eines erfolgreichen Lebens erkennen, wenn man keine moralisch wertschätzende Haltung dem Leben gegenüber einnimmt. Was nutzt der Wunsch nach moralisch richtigem Handeln, wenn man gleichgültig den Werten anderer Menschen gegenübersteht. Erfolg ist nur dann wertvoll, wenn man wertschätzenden Prinzipien folgt!

Vertrauen:
Ein angstfreies Leben ist nicht zu erreichen mit Argwohn, Neid und Misstrauen allem und jedem gegenüber. Was nutzt die Kritik daran, dass man niemandem mehr vertrauen könne, wenn man selbst nicht bereit ist, Vertrauen vorzuschießen? Erfolg ist nur gesichert, wenn man in der Gewissheit liebt, dass man das

eigene „Schicksal“ selbst zum Guten fügen kann.

Verzeihen:
Dass mit der Zuversicht im Leben kann nichts werden, wenn man ständig auf das Wirken anderer beleidigt reagiert. Was nutzen einem die besten Absichten, wenn man selbst nicht mit Nachsicht auf die Verletzungen durch andere reagiert? Erfolg kann nur wachsen, wenn man Fehler bei sich und anderen auch verzeihen kann.

Güte:
Ein vorbildliches Leben lässt sich nicht verwirklichen, wenn einem die Güte im Umgang mit der Welt fehlt. Was nutzt es, Gutes zu tun, wenn man bei ausgebliebener Gegenleistung und Anerkennung verbittert? Erfolg kann nur Gutes bewirken, wenn die Handlungen von Herzlichkeit geleitet sind.

Solidarität:
Ein Leben in Egoismus führt zur Vereinsamung. Was nutzt das ganze selbstbezogene Streben, wenn es von anderen keine Anerkennung bekommt? Erfolg kann sich nur entfalten, wenn man sich mit anderen Menschen und ihren Kompetenzen verbündet!

Liebe:
Ein positives Lebensgefühl kann sich nicht verwirklichen, wenn man der Welt lieblos begegnet. Was nutzt einem der Wunsch geliebt

zu werden, wenn man selbst nicht bereit ist, Liebe zu spenden. Erfolg kann sich nur vermehren, wenn man mit der Welt liebevoll umgeht.

Man sieht, ein positiv-konstruktives Leben ist mit diesen negativen Attributen nicht umsetzbar, so sehr man sich das auch wünschen mag. Der Aufbau einer nachhaltigen positiven Lebenseinstellung ist unmittelbar mit der Transformierung dieser 12 Negativattribuierungen verbunden. Das heißt, es ist eine mentale Arbeit notwendig, die jeder vollbringen muss, um die negative in eine positive Energie umzuwandeln, so dass sich ein Selbstbewusstseins-, Selbstbestimmungs- und liebevolles Gefühl in Ihrem Leben einstellt.

Urteilsfrei

Gehörst du auch zu denjenigen Menschen, die sich über alles ein Urteil bilden, was direkt um sie herum geschieht? Und das ständig und laufend? Ganz gleich was auch geschehen mag, wir haben zu allem in irgendeiner Weise eine Meinung und bilden uns ein Urteil. In der Regel verläuft das recht automatisch: Hier eine Situation die mir nicht gefällt, dort ein Mensch, dessen Nase anstößig ist, hier ein Ding, was out ist, dort die Politik, die Lehrer, die Ärzte, die Pharmaindustrie, das Fernsehprogramm, die Nachrichten, der Lärm, die Nachbarn, die Andersartigen…

Gibt es eigentlich urteilsfreie Zonen?

Wer spricht sich davon frei, sich über andere zu erheben? Es ist eine sehr hohe Kunst der emotionalen und gedanklichen Selbstdisziplin im Sinne einer Selbstreflexion, sich wertfrei anderen Menschen zu öffnen. Dieses Offenheitsprinzip hatten wir zuletzt als Kinder gegenüber anderen Kindern gelebt, weil wir zu diesem Zeitpunkt noch keine vergleichenden Werte hatten, nach denen wir Menschen in Kategorien selektiert hatten. Um diesen Zustand der Urteilsfreiheit wieder zu erreichen, ist es notwendig, reflektierende Gedankenarbeit zu leisten und somit seine Gedanken permanent auf Beurteilungen anderer Menschen und Situation zu scannen und in Folge der Identifizierung von verurteilenden Gedanken diese in eine Placeboqualität qua Gedankenänderung in Richtung Positiv Denken, Gelassenheit, Geborgenheit, Achtsamkeit, Glauben, Sinnhaftigkeit, ethisches Denken, Vertrauen, Verzeihen, Güte, Solidarität und Liebe zu verwandeln. Im Wohlwollen dieser essenziellen Lebensressourcen ist es möglich, in Selbstbestimmung urteilsfrei anderen Menschen zu begegnen!

Götter in Weiß

Unfassbar! Aber es gibt sie wirklich: Die Götter in Weiß. Nach dem philosophischen Erkenntnisansatz des Konstruktivismus, abgeleitet aus dem Idealismus nach Kant, aber auch nach den Erkenntnissen der erziehungswissenschaftlichen Didaktik des autoritativen Verhaltensstils im Umgang mit Menschen gibt es immer noch Ärzte, an denen die Kommunikationsetikette humanistisch-psychologisch geprägter Interaktion mit Patienten vorbei geht. Mit anderen Worten: Es gibt Ärzte, die Patienten behandeln wie den letzten Dreck. Wo ist denn da der berühmte Eid, den Ärzte geschworen haben? Sollen Sie nicht Menschen heilen anstatt zu brüskieren? Und wenn diese Art von Ärzten einmal auf die zahlenden Patienten loslässt, dann fahren sie folgende exemplarisch genannten neolithischen Verhaltensmerkmale auf, um ihr kleines Ego aufzuwerten und das der Patienten abzuwerten:

- Sie grüßen nicht. Sie verabschieden nicht.
- Sie treten arrogant und herablassend auf; sie schauen den Patienten nicht an.
- Sie hören nicht zu und starren ununterbrochen in den Bildschirm auf ihrem Schreibtisch.
- Sie wissen alles besser und widersprechen allem was der Patient sagt.

- Sie reden den Patienten Mundtot und lassen ihn nicht zu Wort kommen.
- Sie treffen Diagnosen ohne den Patienten über sich erzählen zu lassen.
- Sie diagnostizieren lediglich über Risiko-Check-up-Listen und fragen den Patienten nichts zu deren Anliegen.
- Sie machen Untersuchungen ohne zu erklären was sie mit dem Patienten machen und wozu sie dienen.
- Kritik wird abgetan mit den Worten: „Sie brauchen nicht wiederkommen".
- Sie sind kommunikativ von Vor-Vorgestern und absolut nicht zu empfehlen.

Wann wird endlich an den Universitäten Kommunikation als Prüfungsfach gelehrt? Hier wäre es empfehlenswert, dass die Ärztekammern vor der Erteilung einer Approbation die Kommunikationsfähigkeit ihrer Weißkittel überprüft. Es kann nicht sein, dass unsere auf Steuergeldern basierend teuer ausgebildeten Heiler in Deutschland Verhaltensweisen praktizieren dürfen, die unter dem Hauptschulniveau liegen. Ein zweiter Weg wäre, durch die Krankenkassen eine Patientenumfrage über die Umgangsetikette zu implementieren als Bewertungsgrundlage für die weitere Zusammenarbeit mit dem entsprechenden Arzt. Es muss allmählich in diesem aufgeklärten Land möglich sein, dass Ärzte ihr Handeln vor einer höheren Instanz rechtfertigen müssen wie alle anderen Berufstätigen in ihren Jobs auch – schließlich erhalten die Ärzte Ihr Salär durch die zahlenden Patienten und die wollen für ihr hart verdientes Geld weder einen kaputten Fernseher aus dem Elektroladen noch von einen Arzt gemobbt werden. Qualitätsmanagement tut hier dringend Not! Dann würde es entweder wesentlich weniger schlecht gelaunte und arrogante Ärzte geben oder aber die Umgangsformen dieser Ärztegattung würden sich gegenüber den Patienten wesentlich wertschätzender gestalten. Und dazu wird es höchste Zeit!

Zickentheater

Jeder der Kinder hat, kennt es. Und wer keine hat, kennt es auch irgendwoher: Die Zickerei von Kindern. Im Grunde ist die Eigensinnigkeit von Kindern ja zu begrüßen, aber wenn der Eigensinn zu Störrigkeit wird, dann, ja, dann wird der Umgang mit einer Zicke äußerst schwierig um nicht zu sagen sogar lästig. Das Theater folgt nach stets den Gleichen Regieanweisungen. Da kann man sich drehen und wenden wie man will: Wenn ein Kind zicken macht, dann hat der Steuermann nichts mehr zu melden. Die Regieanweisung „auf Stur zu stellen" und „herumzuschreien wie am Spieß" ist ein immer wieder gleich ablaufendes Muster, das zu durchbrechen schier unmöglich scheint. Das Verlaufsmuster ist dabei recht eindeutig nachzuvollziehen: Sagen Sie zu Ihrem Kind „Nein", wenn es etwas will und mit an 100 Prozent grenzender Wahrscheinlichkeit wird es beleidigt die Arme auf der Brust zusammenschlagen und „mmm" machen. Sie werden keines Blickes mehr gewürdigt und im allergünstigsten Fall bekommen sie sogar noch die kalte Schulter gezeigt. So beginnt das Drehbuch. Dann werden Sie mit Gewissheit in unendliche Erklärungen und Monologe verfallen, um zu begründen weshalb Sie ihrem Kind dies oder jenes gerade nicht erlauben zu tun oder zu haben. Aber der Zögling hört Ihnen erst gar nicht zu und dreht sich weg, stampft auf und schreit: Ich will aber! Ihr Ton wird schärfer und Sie beginnen langsam mit den ersten Drohungen wie „ich lass dich hier" oder „dann gibt es eben kein Fernsehen mehr heute": Diese ersten zaghaften Drohgebärden bekommen Sie lediglich mit einem „na und?" quittiert und der Nachsatz: „Ich will aber…" bringt Sie dann ganz auf die Palme. Sie fassen Ihr geliebtes Kind etwas ruppiger am Arm und beugen sich zu ihm herunter mit dem inneren Wutpickel in der Hand und die Maschinerie „Wenn du nicht…, dann…" nimmt ihren automatischen Lauf. „Mir doch egal", oder „dann frag ich eben Oma", und zuletzt noch die Killerphrase „du hast mich ja gar nicht lieb" entmachtet Ihren Thron und Sie spüren allmählich, dass Sie selbst zickig auf das Zickenverhalten Ihres Kindes reagieren. Na gut, dann mach was du willst, aber komm bloß nicht mehr zu mir, wenn du was willst, sind dann die letzten Kampfesworte an Ihr frustriertes Kind. Die Situation ist festgefahren. Aber Sie stehen wahrscheinlich wie immer in solchen Situationen unter Zeitdruck, Sie müssen weiter oder irgendwohin, Sie wollen etwas weitermachen oder zu Ende bringen. Also muss schnellstens eine neue Strategie her: Also, gut, setzen Sie an: „Wenn Du jetzt darauf verzichtest, dann bekommst du nachher dies und jenes". Aha, das ist also die neue Richtung, die Sie nun dem Zickentheater einzusouflieren versuchen. „Will ich aber nicht. Ich will jetzt dies und jenes…", kommt die patzige Antwort auf Ihren Friedensversuch. Arg, dieses undankbare Kind! „Aber schau mal, das andere ist doch viel schöner als dies", versuchen Sie es erneut mit Engelszungen. „Aber nur, wenn ich noch dies und jenes dazu (haben) darf", lenkt das Kind ein. Hurra! Eine Bewegung im Gefecht. Jetzt haben Sie Ihr Ziel fast erreicht, dass das Kind von seinem Willen ablässt. Aber auch nur fast, denn Sie sind bereits wieder auf Abwehrkurs ob der Zusatzforderung des Kindes an Ihre Bedingung. „Nein, du wirst das nur so bekommen und nicht so wie du es willst!" „Dann will ich das nicht", kommt auch prompt zickig die Antwort. Das Zickentheater hat seine beiden Protagonisten auf Hochtouren gefahren und lässt die Zuschauer auf ihre Kosten kommen. Sie erhalten als Voyeur des Geschehens alles aufs silberne Tablett geliefert: Beleidigte Kinder, meckernde Eltern, Verhandlungsversuche aller Art, Retourkutschen der Zickerei vom Feinsten, aufgeheizte Stimmungen, Tränen, Drohungen, Beleidigungen bis hin zu Handgreiflichkeiten. Und was kann man gegen Zickerei tun? Nichts. Einfach warten, bis der Zorn verraucht ist. Danach ist alles wieder gut. Aber Achtung: Nach der Zickerei ist vor der Zickerei!

Selbständigkeit – eine Farce

Die Selbständigkeit ist, wie der Name bereits impliziert, eine Unternehmung ohne Abhängigkeit von übergeordneten Organisationsstrukturen. Alle Entscheidungen erfolgen in Eigenregie und ohne Rechtfertigung vor irgendjemandem. So das Verständnis des Begriffes Selbständigkeit. Die so genannte Realität sieht jedoch anders aus. Sobald ein Mensch sich entscheidet, in Selbständigkeit sein Leben zu verdingen, ist dieser an eine Reihe von Bedingungen gebunden, die ihm das Selbständigkeitsdasein mehr als ein Abhängigkeitsdasein erscheinen lassen was mehr Auflagen, Bestimmungen und Reglements zur Folge hat als ein Angestelltenverhältnis.

Das Ganze beginnt mit den Gedanken daran, ob man eine feste Anstellung kündigen sollte, weil man im Laufe der Profession feststellt, dass man sich in dieser Art von Arbeit nicht selbst verwirklichen kann, weil es immer wieder im Hierarchischen System Leute gibt, die alle neuen Ideen im Keim ersticken und sich darauf beziehen, dass man das was man tut schon immer so getan hat, so dass man daran nichts verändern sollte. Stattdessen bekommt man gesagt, dass man doch Fortbildungen machen könne, um sich an die von der Organisation verordneten Erneuerungen schnell anzupassen und verkauft das Ganze als einen Bildungsprozess Lebenslangen Lernens.

Folge: Unzufriedene Eigenständigkeitsent-
wicklung mit dem Resultat der Kündigung. Für
andere zu arbeiten ist mühselig und kann
nicht als Selbstverwirklichungssinn anerkannt
werden.

So, da steht man dann als neu gebackener
Selbständiger in Freiberuflichkeit mit Ideen,
Kompetenzen und Energie aber keinem Geld.
Ein paar Kunden hat man bereits im Vorfeld
akquiriert, um schon mal ein erstes Standbein
zu haben. Da kommen nach ein paar Tagen
harten Konkurrenzkampfes bereits die ersten
Rechnungen. Organisationen, die von Gesetzes wegen Geld von einem verlangen. Da
wäre als erstes die Krankenkasse, die einem
in einem freiwillig in die Gesetzliche Krankenkasse anmeldet. Da sind schon mal die ersten
EURO im mehrfachen zweistelligen Bereich
fällig. Und das von nun an jeden Monat. Ein
paar Euro werden also nicht für einen selbst
verdient, sondern für die Sesselpupser der
Gesetzlichen Krankenversicherung. Obwohl
man seit mindestens zweieinhalb Jahrzehnten keinen Doktor mehr aufgesucht hat. Man
ist also selbstständig und ist dabei schon mal
vorneweg an die Krankenkasse gebunden.
Nach ein paar weiteren Tagen kommt dann
plötzlich das Finanzamt und erwartet von einem, dass man jeden Monat seinen Finanz-
bericht vorlegt. Prompt hat man weniger Zeit
für die Umsetzung seiner Ideen übrig, weil
man sich mit unsinniger Buchhaltung beschäftigen muss. Also übergibt man den

ganzen Kram einem Steuerberater, damit man sich eben nicht mehr mit kernfremden Aufgaben beschäftigen muss, der einen dann auch wieder jeden Monat für die Buchhaltung einen mehrfach zweistelligen Betrag abbucht. Anschließend will der Rentenversicherungsträger wissen, wie man sich seine weitere Rentenzahlung vorstellt. Natürlich will man hier auch abgesichert sein und wieder ist ein zweistelliger Zahlungsbetrag fällig. Weiter geht es mit Haftpflichtversicherung, Unfallversicherung, Arbeitsunfähigkeitsversicherung, Rechtsschutzversicherung und KFZ-Versicherung. Bis man mal zum eigenständigen Geld verdienen kommt, hat man einen halben Monat für andere Leute Geld verdient. Und das, was dann noch übrigbleibt, dies frisst dann die Lebenshaltungskosten für Familie und die Inflation. Ganz prima!

Es bleibt am Ende die berechtigte Frage: Wo ist die Selbständigkeit geblieben, von der man so sehr geträumt hat?

Über das Wesen der Wertlosigkeit

Wert ist sowohl ein ökonomischer als auch ein moralischer Begriff und beschreibt den Grad der Qualität und Intensität. Aus ökonomischer Sicht definiert sich Wert aus der Höhe des Geldwertes. In der Moral definiert sich Wert an der Höhe der Wichtigkeit. Ein Wert ist also hoch, wenn etwas teuer oder attraktiv ist. Das erscheint auf dem ersten Blick recht banal und wird im Alltag als gesetzmäßig anerkannt. Die ist ein unerschütterliches pragmatisches Prinzip. Und doch hat Wert per se offensichtlich keine Relevanz mehr. Wert als solcher wird inflationär und beliebig. Wert ist mittlerweile kein Gut mehr, sondern Massenware. Das erkannt man schon alleine daran, dass wir dem Leben selbst kaum noch einen hohen Stellenwert einräumen: Da werden beispielsweise männliche Hühner zu Millionen täglich abgeschlachtet, weil sie keinen Nutzen haben. Weiterhin wird zum Beispiel immer mehr gefordert, dass soziale Dienstleistungen umsonst sein müssen. Wenn man heute ein Gerät kauft, ist es pünktlich zum Garantieende defekt. Kinderspielzeug geht sofort nach dem Kauf kaputt. Partnerschaften gehen auseinander wie Glas beim Zerbersten. Alles muss billiger, billiger und nochmals billiger werden und andererseits wird man (gefühlt) überall immer mehr abgezockt. Wie viele Menschen zahlen noch immer an einem KFZ-Kredit, obwohl sie das Auto längst verschrotten mussten? Die Menschen leiden unter Fluglärm, die

Verantwortlichen bagatellisieren das Problem. Eine Autobahn ist wichtiger als die Natur. Bei Atomkraft gehen die Konzerne über Leichen. Und Politiker vergessen ihren Amtseid zugunsten einer kräftigen Provision für Lobbyisten. Die Liste an Wertezerfall ließe sich unendlich weiterführen. Man sieht dennoch sehr deutlich, dass Wert von Interessen abhängig ist. In Zeiten künstlich erzeugtem Billiglohns ist es kein Wunder, dass die Wertespirale deutlich nach unten zeigt, wenn immer mehr finanzschwache Menschen nach Billig- oder gar Kostenlosangeboten auf allen ökonomischen Ebenen nachfragen. Es entspricht der Wesensart der Wertlosigkeit, dass sie sich selbst ad absurdum führt und wie ein Virus den Wirt zu zerstören sucht. Ist man einmal in der Werteabwärtsspirale gefangen, so ist es nur noch eine Frage der Zeit, wann man selbst beginnt, seine eigenen Werte zu demontieren und sich anpasst an die Geiz-ist-Geil-Neurosen. Hier gibt es nur noch einen Ausweg: Sich vom Trend lösen und beginnen, das eigene Denken, das eigene Fühlen und das eigene Handeln wieder selbstbestimmt in die Hand zu nehmen! Denn wer sich ernst und wichtig nimmt, der baut auf einem hohen Wertesystem auf, kann sich selbst vertreten und sich für den Wert anderer Menschen engagieren! Wir müssen wieder lernen, den eigenen Lebenswert zu erkennen, dafür zu kämpfen und eine hohe positive Moral auf die Fahnen zu schreiben! Es lebe der Preis der Dinge! Alles was geschaffen wird benötigt das Pendent an Wert. Und gute Arbeit muss gut bezahlt werden und schlechte Qualität darf im Grunde erst gar nicht hergestellt werden.

Das Wesen des Kindes

Kinder…

… sind spontan,
… leben zeitlos,
… brauchen Liebe,
… brauchen Zuwendung,
… sind Träumer,
… sind zerbrechlich,
… sind personenfixiert,
… leben lustvoll,
… sind fröhlich,
… weinen herzzerreißend,
… sind ausgeliefert,
… lassen bitten,
… mögen keinen Druck,
… sind Entdecker,
… brauchen Grenzen (?),
… brauchen Freiheit,
… provozieren gerne,
… sind Co-Konstrukteure,
… brauchen Bewegung,
… wollen überall dabei sein,
… wiegen auf,
… sind neugierig,
… sind offen,
… sind ehrlich,
… sind laut,
… sind verspielt,
… sind Heulsusen,
… sind gelehrig,
… durchschauen Lügen,
… toben gerne,

… sind berechnend,
… sind schnell beleidigt,
… lachen gerne,
… albern herum,
… tun sinnloses,
… beobachten gerne,
… staunen oft,
… fragen viel,
… fantasieren gerne,
… suchen Freunde,
… lieben ihre Familie,
… sind Motzkühe,
… sind Brüllochsen,
… streiten viel,
… fordern ständig,
… sind Zukunft,
… haben Rechte,
… suchen Antworten,
… brauchen Platz,
… haben Angst im Dunkeln,
… vertragen sich schnell,
… kuscheln gerne,
… wollen groß sein,
… sind anstrengend,
… haben Forscherdrang,
… sind unvoreingenommen,
… können zornig sein,
… sind Quengelmonster,
… matschen gerne,
… wachsen schnell,
… sind abhängig,
… hassen nicht,
... fassen alles an,
... sind unvorsichtig,

… sind rücksichtslos,
… sind unfallgefährdet,
… wollen alles haben,
... bitten endlos,
… haben eigene Regeln,
… nehmen alles auseinander,
… sind wissbegierig,
… sind anpassungsfähig,
… sind früh wach,
… sind dauerhungrig,
… sind glücklich,
… sind beweglich,
… brauchen Aufmerksamkeit,
… sind übermütig,
… spielen gerne,
… sind unschuldig,
… sind witzig,
… sind Künstler,
… sind frech,
… sind Streitobjekte,
... sind Erfinder,
… sind begeisterungsfähig,
… lieben Tiere,
… sind Nervensägen,
… wollen die Wahrheit wissen,
… sind der Spiegel der Eltern,
… stecken voller Überraschungen,
… sind ein Segen,
… sind „käuflich“,
… sind Philosophen,
… leben im Hier und Jetzt,
… sind beschränkt geschäftsfähig,
… sind keine Erwachsenen,
… sind nicht immer willkommen,

… sind meistens willkommen,
… sind zum Knuddeln,
… sind ein Geschenk,
… wollen helfen,
… wollen Eltern!

Das klingt doch alles irgendwie auch nach einem gesund entwickelten Erwachsenen, oder?

Eheanalyseprogramm

Eine Entwicklung der emotionalen, sozialen und wirtschaftlichen Kälte in Deutschland und der damit einhergehenden persönlichen Unzufriedenheit und Perspektivlosigkeit führt in Folge dessen zu einer Abnahme der Ehebereitschaft bei paralleler Zunahme der Scheidungsraten sowie zu einem spürbaren Geburtenrückgang. Die aufgrund der äußeren Umweltbedingungen geführte Sozialisation der Unzufriedenheit hat negative Auswirkungen auf das individuelle und Partnerschaftsverhalten. Unzufriedenheit ist ein Mangelzustand den der Mensch abzustellen versucht unter anderem dadurch, dass er die Erwartungen der persönlichen Zufriedenheit auf den Partner überträgt. Wenn jedoch zwei Partner die gleichen Ansprüche aneinander stellen besteht die Gefahr einer Interessenskollision mit Krisenfolge und Trennungseffekt. Doch diese Entwicklung muss nicht zwangsläufig so verlaufen. Ein von den Familienmanagern Ralf-Peter und Angela Nungäßer entwickeltes und evaluiertes Eheanalyseprogramm (EAP) verhilft den Partnern in einem autonomen Reflexionsverfahren zu verstehen, welche Mechanismen in der Ehe wirksam sind, um bei einer Ehekrise geeignete Selbstheilungsprozesse einleiten zu können. Das EAP ist dabei als ein lebenspraktisches Instrumentarium des Familienmanagements zu verstehen.

Eheprobleme gehören zum Alltag. Das ist als solches noch keine große Erkenntnis oder gar eine Erwähnung wert. Interessant wird es erst durch die Art und Weise des Umgangs vor, während und nach einem Konflikt. Die Ursachen der Probleme und Konflikte liegen nach psychologischen und systemischen Erkenntnissen primär in den divergierenden Zielsetzungen der jeweiligen Ehepartner. Dabei speisen sich die Zielsetzungen aus den Elementen der verschiedenen tragenden Säulen einer Ehe, die zwar für alle Eheleute die Basis ihrer Ehe darstellen und somit für beide Partner die gleiche Gültigkeit haben aber je nach Interesse von den Ehepartnern unterschiedlich gewichtet werden. Wie tragfähig also eine Ehe ist, das hängt vornehmlich vom Verständnis des Einzelnen von der Statik der Säulen ab, also davon wie bewusst oder unbewusst die Säulen und dessen einzelne inhaltliche Elemente im Umgang miteinander gelebt werden. Gibt es demnach entweder einen gemeinsamen Willen die Säulen der Ehe mit von beiden Partnern erarbeiteten und festgelegten Inhalten zu füllen und somit zu stabilisieren, oder füllt die Säulen ein jeder der Ehepartner mit seinen eigenen Vorstellungen, Ansprüchen und Anforderungen und sorgt in Folge dessen für ein instabiles Ehesystem, danach richtet sich letztlich die Qualität der Kohäsion einer jeden Ehe aus.

Schauen wir uns bei dieser Gelegenheit einmal die tragenden Säulen einer Ehe an.

Säulen als Stützpfeiler eines Gegenstandes bedürfen einer stabilen Architektur, damit das Gebilde gehalten werden kann, also tragfähig ist. Für das Gebilde Ehe lassen sich sechs Säulen identifizieren, die sowohl jede für sich eine tragfähige statische Architektur aufweist und dabei auch im Zusammenspiel miteinander eine weitere dynamische Statik herstellen. Die erste Säule ist das Selbst. Sie beinhaltet alles was das Ich und dessen Entwicklung, Einstellungen und Verhalten ausmacht. Diese Säule beschreibt das Handeln des Ich in der Welt. Bei der zweiten Säule handelt es sich um den Partner. Diese Säule bezieht sich Grunde, wie die erste Säule auch, auf das Selbst des Partners, nur mit dem Unterschied, dass dieses Partner-Selbst vom anderen Ehepartner eingeschätzt wird. Sie umfasst die Wahrnehmungen der Handlungen und Ein-stellungen usw. des anderen Ehepartners. Beide Säulen unterscheiden sich dabei zum einen in der Beurteilung der Selbsteinschät-zung und zum anderen in der Fremdeinschät-zung der Persönlichkeiten und Charakteren und haben mit Bezug auf die Stabilitätskrite-rien der Ehe vor allem in der Menge der Ge-meinsamkeiten eine wichtige Bedeutung für das Bindungsverhalten der Ehepartner unter-einander. Die dritte Säule umfasst die Institu-tion der Ehe. Sie bezieht ihre Inhalte unter an-derem durch die Funktionen Arbeitsteilung, Reproduktion oder Rollenübernahme, die die Ehepartner jeweils im gegenseitigen Einver-nehmen aushandeln und übernehmen. Als vierte Säule lässt sich die Familie identifizieren. Hier erhält diese Säule ihre Inhalte über die Ursprungsfamilien und die Beziehungsstrukturen zwischen den Familien. In dieser Säule werden auch die Einstellungen, die jeder Ehepartner aus der Ursprungsfamilie mitbringt, untereinander gelebt und angeglichen. Die fünfte Säule betrifft den Nachwuchs und beinhaltet die Verantwortungsübernahme für Erziehung und Entwicklung der Kinder. Hier werden sowohl die unterschiedlichen Anschauungen über das was Richtig und Falsch ist zwischen den Ehepartnern ausgehandelt als auch die Anforderungen aus der institutionellen Umwelt mit den Familienwerten. Bei der letzten Säule handelt es sich um das Sozialisationsumfeld der Ehe. Diese Säule wird mit Inhalten aus den Anforderungen der gesamten Umwelt beider Ehepartner sowie der gesamten Kernfamilie gespeist. Insgesamt beinhalten die Säulen ergänzend zu den angegebenen Elementen weitere differenzierte Aspekte, die die Konsistenz der Ehe bedingen.

Das Eheanalyseprogramm (EAP) basiert auf den differenzierten Inhalten der Ehesäulen. Es ist zwar für Beratungsinstitutionen als Anamneseinstrument innerhalb professioneller Eheberatung anwendbar. Es wurde neben dem anamnestischen Instrument jedoch primär als Interventionswerkzeug zur Initiierung von Selbstheilungsprozessen für Ehepartner in Krisensituationen entwickelt. Dabei arbeitet das EAP phasenbezogen und gibt einen strukturierten Verlauf zur Bewältigung der Krise vor. Den Phasen vorgeschaltet ist ein Prolog, welcher beiden Ehepartnern noch während der heißen Phase der Krise die Gelegenheit eröffnet sich zum einen die Erkenntnis zuzugestehen, dass man sich in einer Ehekrise befindet und zum anderen ungefiltert darüber zu äußern, ob und warum man sich nun dem EAP widmet und was man sich davon verspricht. Im ersten Schritt der Informationssammlung analysiert das EAP zunächst wertfrei die bestehende Situation der Ehe unter Berücksichtigung der unterschiedlichen Säulen (Ist-Zustand). Die zweite Phase initiiert einen Differenzialvorgang, bei dem die Analyseergebnisse aus der ersten Phase miteinander verglichen sowie Gemeinsamkeiten und Unterschiede zwischen den Ehepartnern ohne Rechtfertigung identifiziert und transparent gemacht werden. In der dritten Phase wird der Prozess der Erläuterungen bestehender Haltungen eingeleitet. In diesem Prozess ist es möglich, ohne Vorwürfe dem anderen Partner gegenüber Begründungen zu den eigenen Einstellungen, Haltungen, Sichtweisen und Bewertungen zu den Situationen der jeweiligen Säulen sowie gegenüber dem Ehepartner zu finden und zu äußern. Phase vier ist die Idealisierungsphase, in der die Ehepartner ihre Wünsche darüber vorbringen, was sie wollen und wie sie sich vorstellen, die Ehe wieder arbeitsfähig und vertrauenswürdig zu machen sowie einen liebevollen Umgang herzustellen. Zuletzt wird in der fünften Phase die gemeinsame Lösung erarbeitet, in dem man die dysfunktionalen Säuleninhalte wieder mit funktions- und tragfähigen Ideen, Handlungs- und Umgangsweisen auffüllt, um die Ehe nachhaltig zu stabilisieren. Ein Epilog der EAP sorgt dafür, dass beide Ehepartner noch einmal über den Prozess reflektieren und zuletzt noch unkommentiert ihre Wünsche und Befürchtungen bezüglich der erarbeiteten Lösung äußern können. Die gemeinsame Bearbeitung der Phasen erfolgt nach einem vorgegebenen Schema von der Sprach- und Umgangsreglung über die Beantwortung teilstandardisierter Fragebögen bis hin zur Präsentation der Lösungen und der Festlegung der Umsetzungsmodalitäten an, die sich beide Ehepartner halten. Die Grenzen dieses Verfahrens liegen im mangelnden Willen eines oder beider Ehepartner, sich auf ein gemeinsames Krisenlösungsverfahren einzulassen. In diesem Fall kann das EAP von einem Eheberatungsinstitut flankiert werden. Bei konsequenter Anwendung des EAP steht am Ende eine autarke und miteinander erarbeitete Lösung der Krise, bei der beide Ehepartner durch das Erlebnis des gemeinsamen Analysestudiums ihrer Ehe Verständnis, Verantwortung und auch Liebe füreinander empfinden werden oder alternativ einen gemeinsam ausgesprochen Schlussstrich ziehen können ohne den durch unverarbeitetes Unverständnis füreinander bedingten Trennungsschmerz.

Insgesamt ist dieses Instrument des Familienmanagements eine Möglichkeit, die Beziehungen und Funktionen der Ehe zu analysieren und gegebenenfalls lösungsorientiert zu modifizieren. Die Vorgehensweise gibt den beiden Ehepartnern ein nützliches Verfahren an die Hand mit dem sie selbstbestimmt die Zeitspanne, Inhalte und Lösungen bearbeiten und festlegen können. Neben der Langzeitanalyse dient dieses Programm auch als Akutinstrument, um aktuelle Missstimmungen, Störungen und Dysfunktionen innerhalb der jeweiligen Ehesäulen zu identifizieren und mit Kurzlösungen zur Stabilisierung einer missbilligenden Akutsituation zu versehen. Das EAP wirkt selbstheilend und schont die Ressourcen der Ehepartner bei der Krisen- oder Konfliktbewältigung. Letztlich lernen beide Ehepartner ein vertrauenserweckendes Verfahren kennen welches frei von gegenseitigen Schuldzuweisungen wirkt und bei dem das EAP das Selbstbewusstsein der jeweiligen Partner nachhaltig stärkt.

Freiheit verboten

Die Bundesrepublik Deutschland ist als freiheitlich-demokratischer und sozialer Rechtsstaat verfasst. Die Politik leitet hieraus das moralisch-normative Selbstverständnis eines auf Gleichheit und Toleranz basierenden Gesellschaftssystems ab.

Um dies zu verifizieren, blicken wir einmal auf nachfolgende exemplarische Antagonismen:

- Warum werden Kinder vom Staat gezwungen, in die Schule oder zur Kindervorsorgeuntersuchung gehen zu müssen, obwohl der Paragraph 1632 BGB (Bürgerliches Gesetzbuch) Gewaltfreiheit in der Erziehung festlegt?
- Warum werden alle Haushalte gezwungen, eine gemäß Staatsvertrag verpflichtende GEZ (Rundfunkt- und Fernsehgebühren) zu bezahlen, obwohl kein Bürger diesen Vertag je unterschrieben hat?
- Warum müssen alle Menschen sich an die Sommerzeitumstellung anpassen, obwohl sie nachweisbar wirtschaftlicher Nonsens darstellt und dem Biorhythmus der Menschen und der Tiere schadet?
- Warum unterliegen alle Menschen in den Berufen einem selektierenden Qualitätsmanagement und nur die politische Kaste nicht?

- Warum haben die Kirchen den Satus Tendenzbetrieb, während alle anderen Betriebe beruflichen Zünften untergejocht sind?
- Warum bekommt man in Deutschland alles Recht der Welt zugesprochen, wenn man nur genügend finanzielle Mittel besitzt, um sich teure Anwälte zu leisten, während die mittellose Masse rechtelos bleibt?
- Warum dürfen Firmen und Regierungen Chemtrails versprühen, während der einfache Bürger wegen Müllbagatellen bestraft wird?
- Warum dürfen sich Politiker gegenseitig beleidigen, während wir von Kindesbeinen an auf Gewaltfreiheit getrimmt werden?
- Warum schiebt der Sozialstaat Kinder in die Kindergärten ab, alte Menschen in die Altenheime, Menschen mit Behinderung in die Behindertenwerkstätten und Andersdenkende in Psychiatrien?
- Warum zwingt der Staat alle Menschen in die Krankenkassen, während die Leistungen eben jener Kassen immer mehr abnehmen bei anhebenden Kassenprämien und steigenden Selbstzahlungen?

Die Liste der Unterdrückung und Gängelung durch den Staat lässt sich um sehr viele Themen erweitern und unendlich fortschreiben. Insgesamt können wir feststellen, dass das System zur Aufrechterhaltung seiner

Funktionen unfreie Menschen benötigt und ihnen dabei einen Freiheitsbegriff durch Brot und Spiele vorgaukelt, damit sie sich bequem in den Machtverhältnissen arrangieren. In der Zwischenzeit ziehen die staatlichen Kontrollmechanismen immer mehr an und lassen keinen Spielraum mehr für freies Denken, geschweige denn für freies Handeln. Hier gibt es keine Entfaltungsmöglichkeiten. Alles ist reglementiert, kontrolliert und bürokratisiert. Es fehlt uns die Luft zum Atmen! Wer sich eben unterdrücken lässt, der muss halt nicht mehr selbstständig denken, oder anders ausgedrückt: Wer nicht selbst lebt, wird gelebt. Freiheit ade.

Und weil wir das so ist, steigen wir aus dem System aus mit allen Konsequenzen.

Wer kommt mit zum Aufbruch in die neue Freiheit, denn, wenn man Freiheit hat, wer braucht da noch Grenzen?

Ich wünsche Ihnen auf jeden Fall schon mal alles Gute auf dem Weg Ihrer Selbstbefreiung!!!

Abstimmung mit Füßen

Deutschland ist ein schönes Land. Ein Land voller Potenzial. Nur nicht für Menschen mit Freiheitsallüren, sondern für all jene, die auf der Welle des Systems reiten, die nicht mehr nach rechts, nicht mehr nach links schauen, andere Meinungen nicht akzeptieren und mit diesen beschränkten Einstellungen glücklich sind. Für Menschen, die das System Leid sind gilt nur die Schönheit und das Potenzial des Landes, nicht aber die Systemzwänge mitsamt ihrer administrativen, normativen und zwanghaften Reglementierungswut der Oberen und deren Bürokratieschargen, die ein Herrschaftssystem der Freiheitsunterdrückung gepaart mit Überwachungswahn, der Massentiertötung, der Umweltzerstörung und Informationslügen betreiben und aufrechterhalten.

Menschen mit alternative Lebensentwürfen lieben im Allgemeinen das Leben in seiner Reinform im Sinne freier Gedanken, freier Handlungen und freier Entfaltung, bewusst, selbstbestimmt und in Liebe, so wie uns das Universum mit der Bestimmung der Entfaltung eines freien Geistes geschaffen hat. Einen solchen Traum kann in dem hiesigen schönen Land leider nicht mehr gelebt werden. Daher suchen alternativ ausgerichtete Menschen auf diesem Planeten nach neuen Orientierungen und hegen den starken Drang nach Entscheidungsautonomie. Solche geistig geführten wollen raus aus 9to5, GEZ, Schulpflicht, Sozialversicherungspflicht, Nahrungsmittelvergiftung, Impfflicht und sonstigen lebenseinschränkenden Gesetzen, Verordnungen und Vorschriften. Alternative sind es leid, sich von Seiten der Behörden (die eigentlich für den Menschen da sein sollten und nicht umgekehrt) vorschreiben zu lassen wie sie ihre Kinder zu erziehen haben, wie man ein Haus baut, wie man seine Selbstständigkeit zu gestalten hat, wie man Steuererklärungen machen soll oder wie man einen Hund zu halten hat, und dass man gefälligst seinen Henker alle vier Jahre wählen soll, dass man sich das tägliche Mobbing von Seiten misanthropischer Lehrer gefallen zu lassen hat und vierjährige Kinder vom Jugendamt vors Familiengericht gezerrt bekommt, nur weil das Kind nicht zu einem Arzt im Rahmen der menschenverachtenden Kindervorsorgeuntersuchung gehen will.

Alternativ ausgerichtete Menschen träumen davon, dass sie keine Rechenschaft mehr vor irgendjemandem ablegen müssen, dass sie ihre Kinder selbstständig das Lernen lassen, was sie gerade interessiert, dass sie nicht wegen Querdenken und Andersartigkeit verachtend behandelt werden und ihnen niemand mehr vorschreibt, was sie zu tun und zu lassen haben. Denn sie sind erwachsen und können ihre Entscheidungen selbstständig treffen und deren Kinder sind ebenso in der Lage, mit in Entscheidungen eingebunden zu werden. Menschen mit alternativen Lebensentwürfen haben eine hohe Moralität: Sie wollen leben und lassen leben. Sie lieben das spirituelle Leben und den freiheitlich-konstruktiven Austausch mit anderen Menschen, die sich ebenso selbstständig und systembefreit entwickeln wollen.

Wenn man beispielsweise als Familie mit 5 Kindern einen komplexen Familienalltag zu bewältigen hat, dann sind die systembedingten Normen, Gesetze und Reglementierungen nicht mehr sehr hilfreich für die elterliche und kindgerechte Entwicklung im Sinne einer partizipativen Selbstbestimmung, wie man uns allen diese in unserer scheindemokratischen Gesellschaft Glauben zu machen versucht. Lassen Sie uns drei Gründe nennen, warum es sich lohnt, dem Hamsterrad-System den Rücken zu kehren, um sich endlich wieder als freihandelnden Menschen zu empfinden:

Beispiel 1 für eine dekonstruktive Entwicklung – Schule:

Es ist eine nicht empirisch untersuchte, aber in Alltag von vielen alternativ ausgerichteten (aber auch einige bürgerliche) Eltern kommunizierte Tatsache, dass Kinder Jahren täglich mental depraviert aus der Schule nach Hause kommen. Sie sind schlecht gelaunt, aggressiv, teilweise apathisch und regelmäßig krank. Kein Wunder, denn sie erzählen uns täglich von Diffamierungen und Sanktionierungen durch Lehrer, von Prügeleien und Mobbing unter Schülern sowie Leistungs- und Lerndruck durch Lehrpläne und Hausaufgabenwahn. Die Schule avanciert zunehmend zu einem Ort der Gewalt an Schülern durch das Schulsystem. Man ist als Familie täglich in der Hauptsache nur noch damit beschäftigt, die Fehlleistungen der Lehrer Zuhause aufzuarbeiten. Kinder und Eltern können sich hier nicht mehr frei entwickeln, sondern Familien hängen gleichermaßen fest am Bändel des erhobenen Zeigefingers der Schulobrigkeit.

Beispiel 2 für eine dekonstruktive Entwicklung – Arbeit:

Eltern sind täglich damit konfrontiert, Arbeit und Familie miteinander kombinierend zu organisieren. Erst müssen sie den ganzen Tag über Leistung im Beruf erbringen, und anschließend sollen sie noch verständnisvolle, energiegeladene und liebevolle Eltern für ihre Kinder sein. Dass sie hier einen Spagat zwischen der Taktung und den Ansprüchen der Berufswelt und den Aufgaben innerhalb der Familienwelt bewerkstelligen, das ist ein Faktum, dass Eltern viel Lebensenergie raubt, meist auf Kosten der Beziehungsebenen zwischen den Eltern, Eltern und Kindern sowie unter den Geschwistern aber auch in Bereich der eigenen Psychohygiene. Hier kann sich kein Elternteil wirklich beruflich oder familiär frei entwickeln, denn Eltern hängen fest im Getriebe der Betriebe.

Beispiel 3 für eine dekonstruktive Entwicklung – Gesellschaft:

Es ist augenscheinlich auffällig, dass man als Familie sehr vielen Zwängen ausgesetzt ist, die aus dem gesellschaftlichen Kontext stammen. Hier nur ein paar exemplarische Beispiele:

1. Das Kindervorsorgeuntersuchungsgesetz, welches Kinder und Eltern zwingt, zu einem Arzt zu gehen, der sich dann über den Körper und Geist unserer Kinder hermacht, nur um zu überwachen, ob wir Eltern dem Kind nichts angetan haben - das ist eine sittliche Grenzüberschreitung. Und dabei ist nicht die Impfverpflichtung zu vergessen, bei der der Staat unsere Kinder zwingt, sich impfen zu lassen, obwohl es keinen zwingenden Grund für diese menschenverachtende Maßnahme gibt. Das ist ein grober Verstoß gegen die Würde des Menschen, die sich in seinem Naturrecht der Selbstbestimmung begründet.

2. Wer heute sein Kind nicht in den Kindergarten abgibt, der wird von seiner Umwelt als schändlich diskreditiert und beschuldigt, seinen Kindern eine wichtige Institution für deren Entwicklung vor zu enthalten - hier sei das Wohl des Kindes gefährdet. Als Hauptargument wird stets genannt: Es gehe um die

soziale Entwicklung der Kinder. Stimmt: Kinder lernen, dass sie von ihrer engsten sozialen Umwelt, nämlich der Familie, abgelehnt und infolge dessen in eine Kinderbewahranstalt abgeschoben werden.

3. GEZ: Uns ist aufgefallen, dass die GEZ (Gebühreneinzugszentrale der Rundfunk- und Fernsehanstalten) keine von der Mediengerätenutzung abhängige Abgabe ist, sondern mittlerweile eine für alle Haushalte verpflichtende Steuer, die man per Staatsvertrag, den keiner von uns je unterzeichnet hat, aufgezwungen bekommt. Man wird quasi gezwungen, ein System zu bezahlen, welches man weder für gut heißt, noch in Anspruch nimmt oder gar gefragt wird, ob man mit dem was da produziert wird einverstanden zeichnet.

4. Menschen, die kein Tier und keine Tierprodukte als Nahrungsmittel zu sich nehmen, werden von den Fleischfressern als dümmlich diffamiert, dabei blenden sie geflissentlich aus, dass deren Fleischkonsum merklich zur Umweltzerstörung, zu körperlichen Gesundheitsschädigungen und zu deren Gehirnzersetzung durch die Einnahme von hochdosierten Hormonen und Giften beiträgt.

5. Medienkonsum: Wir erhalten unsere Bildung nur noch aus gleichgeschalteten Medien und rühmen uns unserer Informationsvielfalt durch Zeitungen und Fernsehen zur

vielfältigen Meinungsbildung. Schaut mach sich die Sendungen allesamt einmal genauer an, dann erkennen wir den pädagogischen Wert der systematischen Erziehung zur gedanklichen Gleichschaltung unserer Werte. Dissidenten haben hier nichts zu suchen. Hier kann sich niemand mehr wirklich frei entwickeln und sein eigenes Lebenskonzept verwirklichen, ohne an die Grenzen der ungeschriebenen Gesellschaftsgesetze und bürokratischen Schranken zu stoßen, die eine freiheitliche Entfaltung, ein Anderssein oder quer denken von Grund auf im Keim ersticken.

Es gibt noch viele weitere Gründe, warum es sich lohnt, sein Leben selbst in die Hand zu nehmen, um es dabei eigenständig und frei zu gestalten. Wer ein wenig kritisch denkt kann feststellen, dass es sich nicht lohnt im Hamsterrad zu leben, in dem es keine Weiterentwicklung des menschlichen Geistes gibt, nur um die Sozialneurotiker namens Politiker, Bürokraten, Beamte und selbsternannte Räte am Leben zu erhalten, damit diese den Menschen das Leben mit ihren selbstgemachten Vorschriften schwermachen, anstatt sie in ihren Vorhaben, mit ihren Talenten, Gaben und Kompetenzen zu unterstützen. Also ist es allemal besser, die Abstimmung mit den Füßen zu machen, sich auf dem Weg zu begeben und sich ein kleines Fleckchen Erde irgendwo auf diesem Planeten einzurichten, wo es noch möglich ist, den eigenen Lebensrhythmus zu finden und zu leben!

ES LEBE DER FREIE GEIST!

Lebe deinen Traum!

Irgendwann kommt jeder Mensch an den Punkt, an dem sich ein Lebenstraum ins Bewusstsein drängt. Alle Gedanken kreisen nur noch um dieses Anliegen, um die Erreichbarkeit dieses zauberhaften und wunderbaren Traumzieles. Alle Gefühle sind bei dem Gedanken an diesen Traum so himmelhochjauchzend, so intensiv mit den Bildern dieses Traumes verbunden, dass die Gedanken und Gefühle in diesem Traum miteinander verschmelzen und dadurch erlebbar werden, als etwas, was sich wie wirklich erreicht anfühlt. Jeder Mensch hat so einen Traum, einen Lebenstraum, den er so gerne verwirklichen möchte. Und ganz gleich wie groß, wie vermeintlich unerreichbar dieser Traum auch zu sein scheint, er wird, wenn er einmal gedacht und mit Gefühlen vereint zu einem realistischen Bild wird, nicht mehr von der Seite des Träumers weichen, so lange, bis sich der Traum einen Weg durch alle Zweifel und Widrigkeiten bahnt, um sein Ziel der Verwirklichung zu erreichen.

Über Gründe, warum sich Träume nicht umsetzen lassen, will ich hier gar nicht sprechen, die kennt jeder und holt sich ein jeder dann aus der Schublade der Argumentation, wenn er nicht bereit ist, seinem Traum folgen zu wollen. Nein, Träume lassen sich höchstens verdrängen, sie sind jedoch wie Blasen, die immer wieder an die Oberfläche drängen.

Und je länger jemand diese Blasen nach unten drückt, desto mehr Blasen nach oben und irgendwann – plop – ist er da und breitet sich aus im Leben wie ein reißender Fluss, der alle Gründe wegspült und am Ende eine Spur aus lauter Möglichkeiten hinterlässt. Das ist der Moment des Erwachens! Und so kann es einen jeden ereilen: Plötzlich steht er im Weg, der Traum vom Auszug aus dem leidlichen Zwangsjackensystem Deutschland. Zunächst ist es ja immer so: Mehrere Jahre klopft ständig etwas an die Gehirnplatte und ruft verzweifelt: Lass mich raus! Und als der Traum dann aus dem Unterbewusstsein ins Bewusstsein platzte, kommt man nicht mehr an ihm vorbei. Nein, man weiß es dann sofort: Da ist er, unser Traum, der jahrelang nach Verwirklichung schrie. Dies ist der Moment, in dem man aufspringt und auf der Welle der Freude dem Ziel des Auszugs in die Freiheit entgegen reitet. Keine Zweifel mehr, keine Ängste, keine Ausflüchte, nur noch reine Lebenslust, Riesenfreude und eine schier unbändige Energie, am besten der Sonne entgegen zu reisen, um ans Licht zu gelangen – an das Licht des Lebens, zur ursprünglichen Energie des eigenen Seins!

Wer seinen Traum leben will, der muss sein Leben träumen. Und wer nicht träumt, hat's Leben versäumt!

Über den Autor

Ralf-Peter Nungäßer wurde 1964 als einziger Sohn der kaufmännischen Angestellten Annerose Nungäßer, geborene Döllefeld, und des Aufzugmonteurs Hans-Peter Nungäßer in Frankfurt am Main geboren. Nach der Lehre, Zivildienst, Abitur und den Studien der Mathematik, Sozialpädagogik, Erziehungswissenschaften und Philosophie begab er sich in die beruflichen Gesellenjahre als Pädagoge. Der Doktorand der Kulturwissenschaften an der FernUniversität Hagen ist leidenschaftlicher Familienmanager, Pädagoge und Autor von Fachbüchern, Fernlehrgangscurricula, Blogs und unveröffentlichten Manuskripten. Zusammen mit seiner Frau und ihren gemeinsamen fünf Kindern lebt er in Portugal und sucht nach der absoluten Freiheit.

Impressum

Herstellung und Verlag:

BoD- Books on Demand, Norderstedt

ISBN: 978-3-7494-8423-2